人間佛教翻轉生命的故事

推薦序

行佛之路

星雲

今年（二〇一六）是佛光山開山五十週年，佛光會成立也二十五年了，在這趟時光歷史裡，百千萬的信徒參加國際佛光會，經常都聽到大家談及如何獲得佛光的庇佑、加持，進而自我改變，獲得法喜。所以，趁此佛光山開山五十週年之際把信徒的一些心得、感應表達出來，以彰顯佛陀的慈悲。

同時，讓其他沒有參加的信徒知道，只要我們有信心、只要肯發願力，只要有發心、功行，所謂資糧充分，你在佛教裡，佛陀會加千倍、百倍的給你加持回應。所以這一本書籍的出版，實在是普羅大眾最重要的事情。

本書由弟子滿穆採訪了一〇二位佛光人，依他們的口述記錄，結集成

《人間佛教翻轉生命的故事》。每一個人的故事，都印證了人間佛教的實踐，確實可以讓我們從纏縛的煩惱中解脫，可以使眾生轉迷為悟、轉闇為明，可以有智慧地面對雨的人生，可以調伏吾人桀傲不馴的性格，可以讓痛苦的家庭破鏡重圓，可以令迷惘的浪子回頭是岸。今結集成書，也提供給各位有緣讀者參考、閱讀。

滿穆法師隨我出家近三十年，是佛光山第一批前往非洲弘法開闢道場的弟子之一；後來回到台灣，任職於人間佛教讀書會，跟著執行長覺培法師成立了二千多個讀書會，舉辦無數次的閱讀研討會課程。他服務於軍中的弟弟退役後，也跟隨我出家，法名慧得，先後擔任過佛光山男眾學部老師、桃園寶塔寺住持、淨土文教基金會執行長等，現在是北京光中文教館的副執行長。特別是他們的父親唐順華居士，服務於警界，一九六〇年代就與我結緣，夫妻二人虔誠學佛，經常帶著孩子參與佛光山人間佛教的各項活動，全家一師一道，可說是百分之百的佛光人，也是人間佛教的行者。

本書所採訪的信徒雖然都是在家居士，但他們從信佛、拜佛乃至學佛，最後同樣都踏上「行佛」之路，翻轉著他們個人的生命。當然，除了書中採訪的一〇二位人間行者以外，我知道還有無數佛光人的故事，未來也希望可以繼續結集，以激勵更多社會大眾，走出煩惱大海，趨向光明。

是為序。

二〇一六年季夏

於佛光祖庭大覺寺

自序

追風102明珠

滿穆

二〇一六年適逢佛光山開山五十週年及星雲大師九十歲華誕，國際佛光會中華總會啟動了書寫佛光人翻轉生命故事的計畫，以「一句佛光法語翻轉人生」為主軸，印證人間佛教落實於生活中，啟發無限正能量。

跟著一〇二位故事主人翁穿越時空巨輪，重回歷史現場，看著他們在佛光山開山篳路藍縷時期即大力護持、共體人間佛教弘法的艱辛過程；感受他們學佛前後成長與蛻變的心路歷程。聽故事的人總是幸福的，何況是善、純、真、正、誠的心靈對話，對我而言，有幸接受這個任務，實在是一大福報。

這些佛光菩薩，跟一般人一樣，人生過程不停上下起伏，有面臨各種難關考驗，憂鬱症、病痛、另一半外遇、喪親、遭遇火災等愈挫愈勇者；

也多有聰慧靈敏，一經法語點撥，就能領略「以捨為得」、「以眾為我」妙用的上根利智者。從四面八方共入佛光大道，發心立願服務大眾奉獻社會。發心有多大，成就就有多大，本書即是他們走向天寬地闊揮灑自在的素描，平常一樣窗前月，才有梅花便不同，窗前禪風搖曳，畫筆下個個都是人間生活禪行者。

起筆由康世樟開始，因為星雲大師一句「我是佛」的啟發，他戒菸、酒、賭、檳榔，最後為了承擔佛光會長職務，忍痛去除刺青；說戒就戒，豪爽明快。連聽錯佛號都能起信的侯黃京老菩薩，善根深厚，今年九十二歲，最年長。最年輕的是二十五歲的方峋，來自佛光青年團，因讀到佛光山一則碑文偈語而走出幽谷，把握機緣分享自己轉苦為樂的過程，幫助那些因憂鬱找不到生命出口的人。林宏弦故事蕩氣迴腸，字數最多達三千多字。蔡麗真督導「無緣大慈、同體大悲」的精神，令人肅然起敬；一家有三個漸凍人的劉學慧老師，夫婿陳宏、么兒陳大謀雖全身癱瘓、動彈不得，還努力眨眼寫書、積極從事各項公益活動，父子同獲身心障礙楷模金鷹獎，感動無數人。我也每每因感動而淚流滿面，無法續筆。

書中有多則談到靈異感應，剛開始我有點猶豫，因為不是在寫佛光山靈感錄，細細思量後放下框架，由於對佛法信念堅定，才能與佛菩薩感應道交，人間佛教行者真誠分享他們最動人的生命風景，精誠所至金石為開，我應該專注傾聽，以平常心看待。

我將自己化身為一〇二位人間行者書寫這一〇二篇，為了避免出自同一個作者筆調千篇一律，我努力轉換方式。例如柳俊生與黃景昱，風格就與眾篇不同。而林清志檀講師、林秀美檀講師、汪元仁督導，多年前早已寫好回憶錄，所以取材下筆非常便利。

一路採訪，走過彰化、員林、台中、嘉義、鳳山、潮州、屏東、高雄、台南、台東、花蓮、雙北地區。在潮州講堂是在建寺工程的嘎嘎震響聲中困難完成。更多的是透過電話採訪，澎湖、馬祖、金門想當然爾是電話訪談。電話聯絡、採訪加上索取照片，應該是打了不下六百通電話。

感謝佛光會祕書長覺培法師及輔導法師們多方協助，《人間佛教翻轉生命的故事》才能順利完稿。

寫於二〇一六年六月

目次

我是佛・壹

康世樟
佛光會員林田中分會督導

一位朋友邀約我皈依佛教，其實我對佛教沒有概念，當時就隨順友人一同前往佛光山寺院。

那天，星雲大師親自主持皈依典禮，場面非常莊嚴，聽著大師開示，我很感動，曉得原來每個人都有佛性。當大師要大家跟著他說：「我是佛！」帶領現場全體大眾人人高喊「我是佛！」我意志高昂，但喊了前兩個字，第三個「佛」字語音未出的剎那，我下意識用手摀住嘴巴，想起了長期嚼檳榔的滿嘴黑牙。

這一瞬間，由黑牙的自卑，陸續聯想起抽菸、喝酒、賭博、殺生、玩大家樂的惡習，還有滿身的刺青。

這一切和眼前的殊勝太不匹配。望著星雲大師慈悲的神情，我暗自發願：「師父！總有一天，我會成為您具足資格的皈依弟子。」

回家後，我下決心戒斷惡習，幾年間真的脫胎換骨，以前的朋友搖頭嘆息說，沒想到您怎麼跑去學佛，弄得人生沒有色彩，只剩下一片黑白。聽著朋友數落，反而讓我更堅信「自己現在的人生才是彩色、才有光輝」。

後來，更勤於親近道場聽經聞法，參加各種活動。六年前，員林地區佛光會員推舉我擔任會長，我一則以喜一則以憂，喜的是有機會為會員服務奉獻；憂的是，雖然各種惡習都戒了，但身上的刺青還在。為了顧全佛光會長的形象，我請醫生幫我去掉刺青，因為範圍太大，醫師施打到一個階段，顧慮耐痛指數，建議分成十四個療程，我直率地告訴醫生，請縮短為七次完成，我可以忍耐。

學佛後深知廣結善緣的重要，擁有的一甲地，幾年來我們夫妻開闢菜園，所種的高麗菜、花椰菜、芥菜、四季豆等皆運往道場，供養參加法會活動的信眾。家中的牲畜，改以養寵物的心情，飼養牠們終老。

十年過去，大師！我終於可以大聲地呼應您「我是佛！」「我是佛！」

我是佛·貳

李梅珍
佛光會基隆七堵分會督導

佛光山極樂寺交通便捷、花木扶疏，優美清淨，是傳統與現代結合的多功能道場。我一九九三年因父親往生佛事踏進極樂寺，清幽的環境、莊嚴的梵唄，撫慰了我喪親之痛。禮拜《慈悲三昧水懺》的中場休息時段，我信步寺中，偶然走進大廚房，看到忙碌的義工群，就主動過去幫忙洗鍋子、碗筷。

在極樂寺廚房洗洗刷刷，刷出興趣之後，每天盡快將家事做好，就帶著老么四歲小女兒往道場方向前進。那時很多義工們都把小孩子帶去，小朋友有玩伴，就是樂園所在。有時候我也將女兒帶到佛學院，讓他在教室中「旁聽」，大家都稱讚他從不吵鬧、安靜乖巧。到了他七歲，就跟著哥哥姐姐每天放學後一起到極樂寺。在道場的優質環境教育下，三個小朋友學到了禮貌，養成了凡事不貪心的品性。兒童夏令營他們小一到小六都參加，上了高中就回來當小隊輔。

我是一直都在大寮，從洗鍋子、洗碗筷、挑菜、打掃，一直到道場開設烹飪班，當了助手，聽了很多課。烹飪老師滿金師姐教手路菜、法師教我叢林菜、寶月老師教養生健康的料理。當了二十幾年的助手，慢慢可以接手掌廚。

老二讀國中時有一段時間叛逆，曾翹課三天，我不但沒有責備他，見到面後還給他擁抱，然後跟他坐下來深談，我問他：「你小時候，我們全家去國父紀念館聽師公星雲大師講經，你不是也跟師公大聲承諾說『我是佛！』，那晚回家的路上，你不是答應爸爸媽媽，要做個乖小孩嗎？」他憶起童年那一幕輕輕點頭，我接著說：「既然這樣，佛祖是最棒的，絕對不會講騙人的話，你既然跟師公說『我是佛！』那麼以後就不可以講騙人的話。」他點頭承諾：「從此要做個乖小孩。」

非常感恩！我三個小孩都是佛祖幫忙照顧大的。小孩讀大學了之後，我接任會長，秉持著「有佛法就有辦法」，一日當三日用。早上去大寮，下午處理會務，拜訪會員、進行佛光會活動；遇到大型活動時，就跟大寮請假。

當佛光會長真的不容易，主持會議非常緊張，拿麥克風時手心直出汗。在聯合月例會時，觀摩別的分會長如何當主席主持會議，常許願希望輪值主席不要那麼快輪到自己。後來嘗試將講稿寫好，再多念幾次，講話致詞才比較順暢。記得那年剛好遇到總會在推E化，好在極樂寺應時開辦了電腦課，我馬上報名，認真上了兩年課。接下會長的第一年，摸不著頭緒，剛在極樂寺學電腦，先生看我抽不出時間寫活動記錄，就自告奮勇幫我的忙，我常笑稱他是地下祕書，他後來愈做愈得心應手，隔年就正式接下祕書的工作。

當會長期間，對會務覺得比較困難的是，推動校園心靈講座，須與學校校長、主任、老師接洽，為了與他們相談能言之有物，並且能傳達大師人間佛教的理念，我把大師寫的《迷悟之間》拿來背。再跟老師解釋，我們不是要進去教念阿彌陀佛，而是要將善美、和諧的觀念帶給學生，讓他們自小就能養成好品格、長養道德觀，這樣校長老師們就比較能接受。那幾年幾乎七堵地區的國中、商工都接受了心靈校園講座，現在回想起來，覺得有認真努力才能有豐碩成果。當會長第三年，我受訓成為監獄布教師，在講說方面才真正有長足的進步。

有時候要邀約會員踴躍參加活動，真的不容易，後來做出心得，懂得要創造因緣，才能達標。曾經邀約左鄰右舍參加活動，都被婉拒，連續幾次，我鼓勵自己不要氣餒，誦梁皇寶懺時，懺文中不是也提到城東老母，生在佛世，卻無緣見佛的例子嗎？所以拒絕我的人，應該是我過去跟他們沒有結過緣。我最高紀錄連續五個人跟我說 NO！到第六位終於跟我說 OK！我當下高興得眼睛也濕潤了，總算社區裡有一個鄰居欣然答應和我一同參與禪淨密三修法會。結果這個鄰居參加法會回來之後，告訴我說他太震撼了，萬人獻燈場面那麼壯觀，而且秩序那麼好，表示很樂意加入佛光會。

當會長第三年，比較駕輕就熟了，跟義工群也有默契了，加上督導們同心協力，協助推動會務，一切漸入佳境，我輕鬆許多。

先生感念佛法啟發我們人生智慧，孩子們品德良善長大後都能順利成家立業。他後來也發心擔任會長，兩年後獲選連任，為了提升會務效能，決定提早五年退休，他說錢少賺一點沒關係，另外去找到了在菜市場早上三點半到八點的工作，還滿心歡喜跟全家人宣布，這樣他就可以全心照顧會員。

我三十三歲開始天天進極樂寺大寮報到，一邊刷鍋洗碗一邊默誦《心經》，四十五歲以後大寮採輪班制，每逢佛光山北區水陸法會我都去加入供菜組；四十八歲後承擔佛光會幹部，在人間佛教的弘法中廣結善緣，今年五十七歲了，覺得每一天都過得非常充實、清涼歡喜。

有佛法就有辦法・壹

周學文
台灣欣順股份有限公司董事長兼總經理
國際佛光會檀講師

從美國猶他大學完成碩士學位之後，回台北工作了七年，朋友約我合夥開設 TPU 廠，但經營狀態不順利，連續三年都是虧損。

媽媽從岡山來彰化和美關心，看到我們夫妻認真打拚，非常努力，但是公司就是不賺錢，媽媽說：「你們唯一欠缺的是福報，要趕快去寺院修福報。」於是「押」著我到福山寺，請法師給我做義工的機會。我用「押」這個字，是因為我很著急，我這樣日夜打拚都沒賺錢了，媽媽您要我去寺院做義工，我不是又少了很多時間照顧公司業務嗎！心裡嘀咕，但是不敢說出來。

說來奇怪，我到福山寺當義工的第一個月，公司就開始有盈餘了，雖然才賺了十萬元，但畢竟是第一次有盈餘，媽媽叫我把那十萬元捐給福山寺，報答佛恩。從那個月開始，我的公司就開始賺錢，而且愈賺愈多。

我想不通，這當義工與拜水懺的功德真的這麼大嗎？我是學科學的，常以實驗的角度去看待事情，雖然想不通，但是我的實驗畢竟是成功了，我更加努力堅守佛門義工的崗位。

後來，再護持福山寺新建大樓培植福報，那一年（二〇〇二）之後的十年間，公司成長二十幾倍，並在二〇〇九年獲得經濟部頒發的小巨人獎，二〇一一年獲得政府頒發的金商獎（優良商人獎）的榮譽。

二〇一二年，一場大火吞噬了我辛苦經營的 TPU 廠，彰化地區許多佛光人看到電視新聞報導，著急地趕到現場來關心，不捨我們夫妻十五年的心血付之一炬，師兄師姐們忍不住落淚。

整座廠房燃燒殆盡，只剩下公司圍牆大門入口的柱子上，還貼著大師新春春聯「龍天護佑」，有鄰居看到這四個字，就問我們夫妻：「龍天有護佑嗎？工廠都燒掉了。」我太太回答說：「幸好有龍天護佑，所以沒有殃及鄰居、幸好龍天護佑，所以沒有人員受傷。」

四千多坪廠房整整延燒了一天一夜，我與同修淑美態度冷靜鎮定，旁人看我們坦然接受這災難，在廢墟間收拾殘局，還能安慰同情我們的法師、佛光會員，都感到很驚訝。

烈焰現場我們一心祈求的是：千萬別殃及鄰居。毀滅性的高溫下，我們只想著如何解決問題，千迴百轉的是星雲大師的開示——「有佛法就有辦法！」我們不憂心財物損失，因為財富是用來布施結緣，利益眾生。尤其一路走來，日常生活中點點滴滴都落實佛法，一言一行都合乎正道，我們堅信全家絕對不會餓肚子。

承蒙佛光會洪文政督導不計成本，幫忙發落鋼構廠商以最快速度將新廠房蓋起來；因為平常誠信待人，銀行不急著要我們還貸款；還有機器廠商把別人訂的機器先緊急調給我們，完全不擔心收款問題；不但所有的上游原料商繼續供貨，而且原有的客戶沒有一個停止下訂單。以上種種，只要任何一方不支持，我們公司就會倒閉，真是萬分感謝這許多善因好緣！

幾個月後，我在佛陀座前宣誓承擔佛光會會長任務，成為彰化北方分會會長。很多人納悶，為何在工廠燒掉之後半年，新的廠房剛剛重建，正在百廢待舉的時刻，卻出人意表地承接重擔？原因無他，主要是我從「無常」示現獲得印證，一切「有佛法就有辦法」。微妙的是接任會長之後一個月，公司的獲利呈現十六年來最佳狀態，當會計拿著當月的財務報表給我看，我還以為是他算錯了，請他再重算一次，就這樣持續順利營運下來。二〇一三及二〇一四年當佛光會會長的這兩年，是公司成立十七年來獲利最好的兩年。

我為公司每個員工家庭訂閱《人間福報》，鼓勵大家除了平日認真工作，也應利用假日到慈善機構做義工，回饋社會。我分享獨特的經營理念，公司是修福修慧的眾緣和合，每一分子都是同體共生，大家都有福報了，公司才能有好的利潤。甚至有業務員被客戶刁難，我也會分享我以前的經驗，要以回向祝福的心對待客戶，慢慢地惡緣會轉為好因緣。

二〇一四年，再度獲頒金商獎榮譽。

有佛法就有辦法·貳

莊敦
新美汽車百貨洗車場負責人
佛光會中華總會監事

我能從人生谷底走出來，能轉念，完全是因為星雲大師一句話——「有佛法就有辦法」。

幼年家裡是一級貧戶，自軍中退伍後，結婚生子經營事業，生活慢慢好轉。一九八六年自己出來創業，那時台灣經濟正在起飛，我努力工作賺錢，累積了一定的財富之後，經朋友介紹，又一頭栽進房地產買賣、股票投資等投機性較高的事業。

本想人生就此過著幸福安定的日子，沒想到一九九八年無常的警鐘長鳴，就讀國中的小女兒因故意外往生，晴天霹靂令我和太太萬分悲傷，痛不欲生。

接連的噩耗來自經營的事業，二〇〇一年一波全球性的金融風暴，受到浪潮席捲，我的資產一夕之間化為烏有，不僅先前累積的財富沒了，還負債一千多萬。

頓失寶貝女兒，一切到頭來還是一場空。當時的我，真是萬念俱灰，有股衝動想要以自殺的方式結束生命，一了百了。

幸好女兒往生時，唯一能讓我打起精神的事，是為他做佛事，讓他到另一個世界能過得更好，在朋友介紹下參加佛光山水陸法會，也到北港禪淨中心共修。就在我興起自絕念頭的時候，想起了大師法語——「有佛法就有辦法」，雖然那時候學佛沒多久，但也曾聆聽過幾次大師佛學講座，所以腦袋瓜裡就有這一句話的記憶，什麼是佛法？什麼是辦法？靜下來重新思考，這人生的巨變，也能因佛法找到契機嗎？

我若有所悟，重新振作鼓起善後的勇氣，拚命衝刺事業，努力還清債務，並發心立願接任佛光會會長，參與佛光會種種弘法利生的活動。我們夫妻對人間佛教有了更深一層地認識，並從中體悟到「諸行無常」、「緣生緣滅」等佛法真理，遇到了困難、挫折，更能有智慧冷靜去化解。

感謝佛光會這個平台，讓我的路愈來愈寬廣，不但找到生命的意義，更能與許多人結善緣，我將愛女兒之心化為愛眾生的大愛，如今我的家族也都對佛法產生堅定的信仰。

佛光山朝山禮佛修持活動
Fo Guang Shan Pilg age and Homage to the Buddhas

莊敦（圖中最前者）

有佛法就有辦法‧參

張稜蓉
佛光會桃雲分會會員

十七年前第一次到桃園講堂參加法會，聽到梵唄唱誦，觸動了心靈深處，覺得既熟悉又親切。後來看到許多義工發心服務大眾，欽羨不已，法師邀我加入知賓組，我表明孩子才四歲需要照顧，法師看了看站在我身旁的小女兒，慈悲地說：「沒關係，帶來辦公室，我們幫你顧。」我非常感動，拉著孩子的手，當下立願：「今生永遠護持佛教！」就這樣，開始了我在服務台值班，女兒在法師陪伴下自在地畫圖、遊戲的日子。

法師的一句慈語，不但成全了我擔任知賓的心願，也為我構築了一彎避風港。二〇〇〇年，先生意外車禍重傷成了植物人，晴天霹靂幾乎將我擊垮。法師及佛光會師兄師姐關懷備至，給予莫大的支持與溫暖，我感激涕零，更用心於義工工作，每天上午到護理中心看顧先生，下午到道場值班，可以說以寺為家，一方面藉以報答常住大眾，另一方面將功德回向給先生。

在那段身心煎熬的日子裡，一天讀到星雲大師《往事百語》中一句話「有佛法就有辦法」，反覆默念這句話我闔上書本，閉目沉思如何運用佛法在艱困中重新站起來。轉眼又看到書桌旁《人間福報》上的一則「佛光菜根譚」，正貼切於我當時的處境與心情，如同抽大佛法語一般；之後每當要起煩惱了，我就去翻閱《人間福報》，迫不急待看「佛光菜根譚」，揭曉佛陀今天要對我說什麼。

閱讀啟迪智慧，我感悟到大師提倡的「四給」精神，原來凡事為大眾設想，能給人、能喜捨，就是一個有福報的人。那我可以給人什麼呢？法師告訴我，擔任知賓，在電梯口、在服務台，給人一個微笑、一聲招呼、一句好話，就能給人信心、歡喜。

歡喜的面容是供養、口中說好是妙香，布施行善是這麼美好，我像是發現了新天地。「慈悲喜捨」四無量心的修持，成為我人生一盞真理明燈。日復一日，年復一年，漸漸地，煩惱愈來愈少，家庭氣氛愈來愈祥和。

小女兒從小親近法師，看到法師就像看到親人，五歲開始參加道場的夏令營，長大了，也懂得回饋，在營隊中擔任小隊輔，協助帶領、照顧小朋友。我妹妹兩個女兒受他影響，也跟著他一起做義工當小隊輔。

是佛光大家庭，讓我兩代人走出困境，更能懂得在服務奉獻中創造「福報」人生，佛光山是大福田，讓我們的人生持續增上增美。

張稜蓉（圖左）與女兒合影。

有佛法就有辦法．肆

呂淑貞
佛光會澎湖西嶼分會會長

我從三十六歲認識佛光山的法師開始，就嚮往學佛，做一個正信的佛弟子。有一天讀佛書知道佛門有一條不殺生戒，忍不住痛哭，哀嘆自己生長在漁村，捕魚維生是我們世世代代的宿命。直到後來生了一場大病，痊癒之後，想開了，不再掛礙之前的殺業問題，因為我相信有佛法就有辦法，覺得人生重新來過，要正向積極迎向每一天。

二十年前，心舫法師為我們舉辦皈依三寶典禮，我虔誠合掌，發願做佛陀的好弟子，不久法師託我帶十八位老菩薩回台灣佛光山受戒。那次行程安排很周到，讓我們也到台灣風景區走一走，但我們沒忘記是為求戒而來，心情都沒有鬆散，一切都自我要求如儀如法。二〇一四年我又帶一批人回山皈依受戒，這一批平均年齡很年輕，包括我弟弟、姐姐還有他的兒子、媳婦，我先生、小孩也都一起參加。小孩子為什麼願意皈依呢？因為我跟他們說：「觀音菩薩最慈悲，如果有這位慈悲母親來照顧你們，不是更好嗎？」

我的小孩很有善根，大的孩子讀小學時跟我去佛光山，看到正在建設中的佛陀紀念館，就自己將壓歲錢都捐出來。三個兒女都大學畢業了，有不錯的工作，平常也都會幫我處理佛光會的文書資料，是我的好幫手。更希望他們藉由協助佛光會的文書工作，知道佛光會都在忙什麼，能跟我同心，將來把信仰繼續傳承下去。

我滿心歡喜承擔西嶼分會會長任務，街坊鄰居看我每天笑口常開，都來問，我說因為學佛讓我懂得如何放下煩惱，又有為人服務的機會，當然快樂。

二〇一六年元旦，我跟先生到佛光山參加「菩提眷屬祝福禮」，喜氣洋洋慶祝結婚三十年珍珠婚。感謝佛菩薩，先生成為佛門同修，我圓滿了心願。他起初常常問我，你怎麼學佛後變這麼忙！我將心事說給婆婆聽，告訴婆婆每當拜佛的時候我都會心生喜悅，婆婆特地叮嚀兒子，要讓另一半安心去學佛。先生很孝順，之後非常認真護持我，有時候我延遲起床，他還會把我叫醒，說：「四點了，你該起來做早課了。」

我很幸運，先生很照顧家庭，我們互相感恩。我想不管怎麼幸福的家庭，都還是有一本家家難念的經，我用感恩心把一切都轉為正向，村莊的人都說想要像我一樣，這麼樂觀積極。我說：「對呀，加入佛光會學習人間佛教，人生就充滿正能量。」我積極推動會務，最大的動力來自於想將這麼美好的人間佛教分享給大家。

有些老人家來問我，也想要發心學佛，但是在漁村都是要殺魚，怎麼辦？我跟他們說，我們對魚類眾生要心存感恩，向牠們致意：「我們是為了生活，才捕抓你們，請原諒。」每逢法會可以去為牠們超度。

我因為曾罹癌經過化療才痊癒，所以也常到醫院去關懷病者，只要看到頭髮脫落的病人，覺得有可能是正在接受化療，便會花更多時間去跟他們談話，以過來人的經驗給予慰問，鼓勵他們。我這一生常遇到貴人，當初為我治療的主治大夫也是我的貴人，他持續關心病人，不斷為我打氣，給了我信心、希望。康復之後，我是重生了，決定不再將生命浪費在無謂的事情上面，抱定歡喜受的心情來看待一切人事物，堅信一切有佛法就有辦法，觀念愈來愈正向。我們分會舉辦雲水浴佛，雖然才六十位鄉親參與，但我一點都不氣餒。西嶼鄉的鄉民都跟我處得很好，我想假以時日慢慢建立因緣，辦任何活動鄉親都會更踴躍。

最近這八個月來，我沉浸在推廣閱讀的喜悅當中，感謝人間佛教讀書會總部法師、講師，從台北遠道而來傳授帶領讀書會的方法。目前我們分會組成了一個九品讀書會，有十三個成員，閱讀星雲大師的著作《人間萬事》。我邀請父親加入，我說：「爸爸您八十幾歲了，智慧這麼高，人生閱歷好豐富，請您到讀書會來分享。」幾次下來大家都為他比讚，他很高興，常常問我讀書會的日子快到了嗎？我們的讀書會氣氛很融洽，讀友們讀出樂趣，都說讀出了很棒的心得，更了解人間佛教了。

佛道在眾生身上求

余亞珊
佛光山南屏別院總機
佛光會高雄第二區督導長

自小喜歡安靜沉思，不喜人多吵雜的地方，所以很嚮往佛門清淨地，八年前如願親近普賢寺，加入法會香燈的義工行列，真是得其所哉；在道場，我很少講話，埋頭專注於香燈工作，協助法會儀軌進行，聆聽法師大德們的開示，自覺對修行有很大幫助。

香燈組有一位師姐行事做人如法如儀，令人尊敬，得知他是新興分會的組長，一心想跟這位善知識多方學習，因此我也加入了佛光會。

不久，分會要改選會長，法師與會眾希望傳承給年輕一輩，又看我信仰虔誠，就推舉我擔任會長，我萬分惶恐，不了解佛光會的運作，怎能承擔帶領會眾的重責大任！正要推辭，法師的一句法語「佛道在眾生身上求」，如醍醐灌頂正著了我的願心，幾番思潮澎湃，百般斟酌後接棒會長。

肩負會長重任，全心走入人群，對照我以往自修自了性格，堪稱是一百八十度翻轉教育。就任後半年內，我積極走出去，拜會歷任的督導幹部，請他們給予帶動會務的建議與協助。

修行路上，剛開始崇尚獨來獨往，總認為自己擁有慈悲心、靜定力。當了會長後，走入群眾，執行任務中有許多撞擊，重重境界出現，我驚訝地看到自己「貪瞋癡一一浮現」。

以前我只知低頭做事，幾乎不跟人打招呼；現在，連挑菜、拖地，我都能帶著會員義工熱絡討論大師法語。以前常為自己打算，現在心心念念想的是如何照顧更多的會員，如何利益更多人；以前習慣鑽牛角尖、負面思考，擔任會長後，遵循會員信條鼓勵大家現證法喜安樂、永斷煩惱遠離無明，我也變得積極樂觀。以前害怕在大眾面前發言，在佛光會磨練後，源自一份供養大眾的心情，如今已能對千人侃侃而談。

展讀星雲大師一篇〈大磬和大佛的對話〉文章，字裡行間有我修行的心得寫照。

「銅雕的佛像對大磬說：『當年我從礦山被開採出來，雕塑師開始雕塑我時，我忍耐了很多的苦痛，歷經了很多的煎熬，經過千錘百鍊，最後才能成為一尊佛。』」

我雖然還是一個凡夫俗子，無法與佛的境界相比擬，但我確實曾在修行的道路上遭遇黑風惡浪、種種境界考驗；如今終於苦盡甘來，所以有著一份與銅佛相同的感悟。回首向來蕭瑟處，我滿懷感恩，是因為那重重逆境，如同一面面明鏡，讓我那隱於內在深處的瞋恨心無所遁形，曠劫塵垢，我看到了，找到了，開始懂得怎麼下手，怎麼修正自己。

降伏自己的妄心真是不容易啊！還需要長遠、不斷精進用功才行。有了佛光會這個平台，我方有機緣養成時時勤拂拭的功夫，也才有了今日塵埃漸落，漸漸開闊明亮的眼界、心境。

因緣所生 因緣而滅

陳信智
佛光楷模

拿香拜拜許多年，求婚姻幸福、兒女成才。有一天忽然起心動念，急切地想知道我在拜什麼，想知道佛祖是誰？觀音菩薩大，還是天公比較大？除了拜求，也渴望解脫煩惱。三十八歲那年，生起想學佛的心，朋友引薦我聽經聞法。

第一次聽星雲大師開示——「一切諸法因緣所生，因緣而滅」，法語入耳，我心中一顆大石頭落下，油然生起一股喜悅感。因為先生外遇，我痛苦萬分，起初想去跳河自殺，又捨不下四個孩子，哭了十幾年，常常早上醒來枕頭都是濕的。那天聽到因緣所生法，助我轉迷為悟，領悟了與先生之間的緣起緣滅，我學著擺脫這情執枷鎖，不再怨恨，反過來感謝這逆增上緣，讓我可以專心學佛、深入經藏，為人生注入一方清涼活水。

五十一年前，我到星雲大師在三重埔辦的佛教文化服務處買書，也參加大師在一信堂主持的佛七法會。民國六十年（一九七一），佛光山大悲殿落成暨萬尊觀音聖像開光，我特地南下參與盛會。首次於大悲殿舉辦的水陸法會，我更是全程精進；大師在國父紀念館講經，數十年間我全勤前往恭聆。

民國七十年（一九八一），台北普門寺建成，我舉家搬到附近，方便親近道場。每每法師開示內容，我回家都會轉述給孩子們聽，全家決心護持星雲大師倡導的人間佛教。

民國八十年（一九九一），中華佛光協會成立，我們立即加入會員，兩個女兒承擔兩任會長，都成為佛光會督導，外甥周聰發、兒子的結拜兄弟李耀淳、孫成蘭，經我引薦加入佛光會，也都發心當會長，成為督導，現在更是佛光會、佛光童軍團的重要幹部。佛光會舉辦「三代喜同堂」，而我們是「四代喜同堂」，女兒、孫子到曾孫，四代都是佛光人。

我很贊同佛光會員信條：「我們現證法喜安樂，永斷煩惱遠離無明。」大師曾分享一個「哭婆和笑婆」的故事，說明苦樂、迷悟都只在一念之間，我就是最佳見證者，真是無限感恩！

釋迦如來 釋迦落難

侯黃京
佛光會嘉義六腳分會會員

民國四十二年（一九五三），先生過世，那年我二十九歲，獨立撫養四個孩子，備極辛苦，平日在自家的五分地耕種，農閒時去附近糖廠打零工維持家計。

日晒雨淋、耗體力的農務、粗重的零工都難不倒我，臂膀必須強壯起來，為孩子們撐起這個家。十幾年後，兒女都大了，正是可以分擔家務談論心事的時候，不知道為什麼，悲傷情緒卻一波接著一波湧來。

後來，一個親戚引薦我到佛光山禮佛。當時交通不方便，幾經轉車終於上了佛光山，可以跟佛祖傾訴滿腹辛酸；隨著大眾在大悲殿繞佛，法師悠悠揚揚帶領念誦釋迦牟尼佛聖號，回想起自己艱苦的命運，淚水潰堤而下，正低頭擦淚時，法師唱念轉為四字，一聽之下，我整個人心頭一驚：「釋迦落難！」怎麼連佛祖也會落難！

因我只聽得懂閩南語，將「釋迦如來」錯聽為「釋迦落難」，眼見繞佛隊伍人人臉上一片虔誠肅穆稱念，沒有人疑惑。我認真細想，是了，佛祖也曾落難，透過努力克服種種困難，最後才能成佛。從此，我收起眼淚，堅強了起來，並全心投入義工工作。

我積極邀約鄉親回佛光山朝山，每次都是滿滿一部遊覽車，後來嘉義地區要組織佛光會，我朝山的一百多位固定班底，自然而然成了佛光會基本成員。再後來，舉凡佛光山、佛光會舉辦的活動，禪淨密三修法會、佛光大學百萬人興學、凱道佛誕母親節慶典、佛館建設，我都百分之百護持，必定邀集會眾並帶車去共襄盛舉。

踩著腳踏車在甘蔗園、稻田旁的鄉間小路上奮力前進，每逢農曆七月，六腳鄉好幾戶人家一如既往地，聯絡我去收「供僧道糧功德」隨喜贊助款，雙腳有力地踩著踏板，心裡覺得很踏實。這樣的行程，八十歲以前我走了幾十年。

子孫都順利成長，孫子、孫媳婦也都是佛光會督導，感謝佛祖為我帶路，曾經落難，如今，我已熬出頭了！

侯黃京老菩薩（左二）孫子（右一）、孫媳婦（右二）都是佛光會督導

飲水思源

羅李阿昭
首泰建設關係企業董事長
佛光楷模

我曾遭遇生死一線間的危機，在經營事業上，與先生也是日夜打拚才漸入佳境，兒女們知道這種種經歷，全家人特別感恩得來不易的幸福與安樂。

三十年來我全心全意追隨星雲大師，護持佛光山道場及種種文教、慈善事業，是因為大師的慈悲智慧、開闊的胸襟，讓人敬佩得五體投地。

我年輕時曾因受害，命若懸絲，是道教神明救了我，後來皈投佛門，但對於佛教與道教兼修有所疑惑，幸蒙大師開示我「要飲水思源」，這句話讓我開啟智慧，對救命的神明，我一生一世感恩圖報、對佛法我虔誠學習，兩全其美！

一九九七年婆婆往生，我與先生用婆婆名義廣行善事、廣做功德。有一天我將一張支票紅包呈給星雲大師，表明這是贊助佛光大學的心意。師父微笑著說：「拿去幫助花蓮門諾醫院！」我從沒有聽說過這家醫院，不過從名稱上面猜想應該是基督教或天主教的醫院，我著急地回答：「師父！我們佛光大學正在建設，經費非常欠缺。」大師說，門諾比我們更需要這筆錢！接著吩咐四位法師陪我一起去捐款，並叮嚀我要能夠拋磚引玉。

到了花蓮基督教門諾醫院，看到地下室天花板好幾處漏水，底下放了幾個大水桶接水，我終於明白了院方的辛苦，以及大師的遠見及用心。黃勝雄院長當天在台大有會議，特地趕回來參加捐贈儀式及記者會，他告訴我，大師真了不起，每本著作出版，一定將版稅分為三份，一份給門諾、一份給創世基金會，另一份才是給佛光山，多年來我們總固定收到一位無名氏的捐款，透過查詢，才知道捐款人是星雲大師。

大師實在偉大，我懺悔自已應對時沒能體察他老人家的慈心悲願，也慶幸總算沒有辜負師命，那天召開記者會後，門諾醫院陸續收到各方踴躍的捐款，拋磚引玉效應嘉惠了更多病患，這也是我婆婆有福報，間接跟這麼多人廣結善緣。

不能沒有慈悲

陳瑞珍
國際佛光會中華總會理事

我是母兼父職帶大兩個兒子的，先生到大陸辛苦經商，一家分隔兩地，為的是成就孩子的教育。先生每天寫一封信傳真過來給兒子，也常打電話安慰我。我從不認為大兒子發展遲緩，但兄弟兩人的智力實在有著天壤之別，親友常讚歎小兒子聰慧，避談老大，令我這個做母親的非常心疼、氣餒。

老大的學習過程在在考驗著我和學校老師的耐心，有時甚至讓我感到沮喪、無助。因緣際會，朋友送我《傳燈》這本書，讀後心想印象中的高僧都是古代大德，現代也能出現高僧，真是難遭難遇，於是帶著兩個兒子走訪佛光山，上山那天巧遇水陸大法會，殿堂法師得知我家住屏東，熱心跟我介紹屏東講堂，不久我就到道場聽經聞法、認領義工工作。

有一天讀到星雲大師《往事百語》裡頭一句：「一個人寧可什麼都沒有，但是不能沒有慈悲！」當下真是百感交集、慚愧自責。想我為人母親，如果連對自己的兒子都不能耐煩，沒有大慈悲心，如何體認慈悲之道？自此我轉念，兒子是菩薩示現，來提醒我修持慈悲、平等法門。

大師小時候曾經因故喪失記憶力，後來虔誠拜觀音念觀音，才得以心開意解、福至心靈。初聽這故事，給了我莫大鼓勵，我為大兒子制訂功課，每天學校作業完成後，要抄寫一部《心經》，並且拜念〈智慧偈〉：「悉發菩提心，蓮花遍地生，弟子心朦朧，禮拜觀世音，求聰明，拜智慧，南無大慈大悲觀世音菩薩。」自己更是每天早晚課誦，將功德回向兩個兒子。

人有誠心，必有靈應，大兒子順利成長、升學，後來還獨自負笈日本留學，畢業後在日本找到志趣工作，親友們都覺得是個奇蹟。

二〇一五年我們夫妻到金門參與佛光會論壇，先生才說出多年的祕密，原來大兒子嬰兒期因病導致缺氧，當時醫生告訴他「特別注意這孩子的智力發展」，慶幸佛法的正確信仰，能及時轉化觀念，二十八年來我一心想當個好母親，是佛法幫助我滿願，並成全了我一家人的幸福安樂。

諸行無常 諸法無我 涅槃寂靜

范鴻英
台北市立西松高中退休教師
台北教師分會督導

我從小一路順遂，父母疼愛，家庭和睦，讀書求學之路，在努力耕耘後也屢獲佳績，自國立台灣師範大學畢業後就到國高中教書，婚姻美滿，一雙兒女孝順乖巧。五十三歲以前，沒有遇過重大挫折困難。

五十三歲，可以說是我人生的分水嶺，那年我先生因肝癌往生，幾個月後，母親因腦溢血緊急送醫，搶救回來命保住了，但卻變成植物人和依賴呼吸器維生。

從此我陷入憂鬱，覺得人生這麼苦，到底所為何來！整日眉頭深鎖，連公車司機都忍不住問我：「你怎麼看起來這麼憂愁！」

後來，學校一位同事來邀我加入台北教師讀書會，記得踏進台北道場那一天，映入眼簾的是一片清淨明亮，我那沉悶委靡不振的身心，隱約舒展了幾分。

有一次，在讀書會中共讀《釋迦牟尼佛傳》，佛陀在進入涅槃之前，回答須跋諸陀羅的問題時說：「世間上無論哪一個修行者，如果他不知道諸行無常、諸法無我、涅槃寂靜的三法印，他就不能認識諸法的根本。」

這一段三法印的開示堪稱是一場震撼教育，如晨鐘敲醒我迷茫心靈，「世間無常！」無常是世間的真理，本來如此、必然如此啊！佛陀入滅也正是啟示無常的真理。我頓時醒覺過來，明白了，我之所以無法走出失去親人的痛苦，就是因為人生路上少有波瀾，以為人生就此風平浪靜中按部就班走下去。

感恩接引我入佛門的善知識，體認了無常之後，我學著把握當下珍惜因緣，常到道場參加法會共修，更加入台北教師分會擔任祕書，忙得不亦樂乎；兒子為我感到高興，讚歎我說：「媽媽，你太棒了，竟已能雙手電腦打字。」後來承擔會長任務，印象最深刻的是人稱「新手會長的第一次段考」——臘八粥結緣，動員大量義工人力，除了教師分會的成員之外，我的人脈大都來自教育界，以前學校同事看我一改愁苦面容，動力十足布置場地、安排備料作業、發送事宜，都大為驚奇，讚歎佛法教化功德不可思議。

善應諸方所

游阿品
宜蘭市凱旋國小校長退休
國際佛光會檀講師

我生長在宜蘭鄉下佃農家庭，童年充滿了稻田泥香，收割季節，嬌小的我，奮力肩負扁擔挑穀子，是父母的好幫手。媽媽是個虔誠佛教徒，農忙之餘，會固定到雷音寺大寮幫忙典座、參加宜蘭念佛會的佛七，大家都叫他「阿娥姑」。

我從師範學院畢業後即返鄉服務，在小學任教。一九九一年中華佛光協會成立，我們母女馬上加入會員，以雷音寺為慧命之家。我歡喜唱歌，星雲大師以音聲弘揚佛法，創作多首佛曲，我最喜愛其中一首〈甘露歌〉的歌詞：「楊枝一滴真甘露，把心靈灌溉滋潤」。母親雖不認識字，卻能誦念《觀世音菩薩普門品》，小時候，他常提醒我說，將你取名為阿品，就是要你常念《普門品》。

另一首〈觀音靈感歌〉：「朝念觀世音，暮念觀世音，念念從心起，念念不離心……」也點化了我，開始用功持念觀音聖號，除了睡覺、工作的時間之外，可以說片刻不忘，已念到入心。

二〇〇一年，因頭痛暈眩，到醫院檢查，發現腦部長了三公分的腫瘤，醫生緊急安排開刀，我一心念觀音聖號、持〈大悲咒〉，以淡定心情面對手術。取出腫瘤、化驗，之後證實為最惡性腫瘤，醫師告訴我女兒，不樂觀！

病房內，我清醒過來第一眼看到的，是身旁兩朵大蓮花，自以為錯覺了，閉目調息後再努力睜大雙眼，沒錯是蓮花，清雅的粉紅、紅色花瓣，彷彿還透著一股芬芳。我以為是西方三聖來迎接我了，後來復原情況非常順利，我思惟這瑞相的寓意，得出一個結論，應該是啟示我，要在人間佛教弘法的道業上，更加精進。

從教育界退休後，有一所國中教務主任來找，希望我能到一個特別的班級去帶讀書會。能進到校園推動閱讀風氣，我當然樂意，至於主任口中學生的種種並不在意。沒料到第一天進到教室，學生們的「表現」，著實令人驚訝，只見大部分同學躺在地上，我只得穿梭曲折地走上講台。

幸好有三十幾年的教學經驗，才能處變不驚。我無視於講臺下學生們的「高度」，站上講台後即刻開講，不知是因為故事好聽還是發現沒有嚇唬到我，覺得沒趣，學生們一個一個坐起來。

一次兩次安全度過驚嚇考驗，我的小朋友們似乎也察覺了我愛護他們的心情，慢慢地有幾個主動來攀談、傳字條給我，到後來跟我講心事的人愈來愈多，一學期過去了，彼此之間成了無所不談的忘年之交。

有一天在讀書會中，我祝福每個人都能考上「第一志願」，霎時，不敢置信的表情寫在他們年輕的臉上，我進一步解釋，現在請每個人寫出你最想讀的學校校名，那才是真正的第一志願，不是外界界定的第一志願哦。我們約定好好努力，朝向心目中的「第一志願」前進。聽說這班賣力衝刺的景象還成為校方嘖嘖稱奇的異聞妙事。

請各位猜一猜，最後有幾個人考上他們的「第一志願」？沒錯，是百分之百！重病得以痊癒，我自勉要「善應諸方所」行觀音所行，來報答佛恩。不但帶領班級讀書會，也到各地推廣閱讀，更主動到宜蘭三星監獄布教，藉著教手工藝將佛法傳遞到鐵窗內，幫助受刑人找到生命的價值。

如今我既是佛光會檀講師、人間佛教讀書會講師，也是監獄布教師、人間佛教宣講員，二十多年來敲門處處有人應，日日充滿法喜、天天吉祥開心。

諸法因緣生 諸法因緣滅

洪安鳳
金光明寺大寮義工

那天早晨，小女兒還高高興興跟我聊天，沒想到下午出門，一場車禍奪去了他年輕的生命。做母親的我悲傷、哀痛欲絕，無法言喻，之後長達半年，我每天晚上抱著他的照片睡覺，回憶他兒時尚在襁褓中的笑臉。幾個兒子為了寬慰我，帶我到附近的佛光山小港講堂聽經聞法，並加入佛光會。

幾次到萬壽堂參加法會，都會到雲居樓過堂用餐，每每進到大齋堂看到飯菜都已擺好，還有行堂的法師、義工幫大眾添飯加菜，心裡很感動，當下許願希望有一天我也可以煮飯燒菜與大眾結緣。女兒往生後兩年，有一天在小港講堂聽到一位男眾法師開示，當他講到「諸法因緣生，諸法因緣滅」，世間一切緣起則生，緣散則滅，包括生老病死，都是依著這樣的因緣法則在運行。

那一刻好像「咚」一下，內在有某種東西通了，五臟六腑歸了位。我永遠感恩這位法師，去年回山在菩提路上遇見這位貴人，特地再次向他表達由衷的感謝。

十四年前我退休了，兒子帶我到小港講堂詢問是否有義工工作，分會督導說，金光明寺剛建好，需要大量義工，於是我們幾個人一起開車北上三峽。一踏進金光明寺大殿，我第一個感覺是，這是阿彌陀佛淨土世界！仰望著高大莊嚴無比的玉佛，合掌慢慢行進。咦？眼前的佛桌，感覺好熟悉，兩邊的圓柱也似曾相識，我差點驚呼出聲。在女兒往生後頭七前，我作了一個夢。二十一年了，夢境到現在還清清楚楚，一方亮澄澄的案桌，兩側有兩根巨大圓柱。我想是不是女兒要告訴我，他正在這個地方。原來女兒在夢中示現的景象，就是金光明寺！

當時的住持慈容法師親自接待我們，說大寮很需要人手，當我走到偌大的齋堂、廚房，一幕幕往事襲上心頭，多年前在雲居樓吃飯時許下的願望——「要煮飯燒菜與大眾結緣」，在種種不可思議的巧合中，圓滿實現了。

五千多個日子，每天從早到晚在廚房，跟許多義工一起合作無間創造香積世界，我樂在其中。烹煮供菜時，我必定默念佛號，以虔誠心奉獻三寶及法界眾生，常有人說我「發粿」做得好，形狀好、味道也好。我說那是佛菩薩加持我，大家都能用得歡喜，就是我最大的安慰。

洪安鳳製作的發粿。

求觀音 拜觀音 不如做觀音

廖麗明 鄭金照
麗明早餐店店長
佛光楷模

我本是個家庭主婦，孩子讀高中之後，耗費心血開了一家早餐店，打算先生退休以後，家裡做個小生意還能夠有些收入。

一九九二年佛光山在台東成立禪淨中心，我前去薰修佛法，加入佛光會後，更盼著能接引家人，但每次邀約，他們都意興闌珊。直到有一天聽到星雲大師開示：「想要改變別人，不如先改變自己。」我直覺聯想到與家人的相處模式，靈光一閃，下定決心要徹底改變自己。

一改過去暴躁脾氣，我常面帶笑容，溫言對待家人。先生感受到我明顯的進步，對佛教也生起好感，不但願意踏入佛門跟我去共修，後來還買車接送交通不便的老菩薩，有一次他告訴我，深受大師法語「求觀音，拜觀音，不如做觀音」啟發，要以「服務」作為生涯規劃。

三個兒子耳濡目染之下，都自動自發加入義工行列，常幫忙製作壽桃等結緣品，全家有了共同話題、共識，家庭氣氛變得非常和諧。

我們夫妻成長於農村家庭，家境不允許升學，深知失學的痛苦。一天得知大師要在台東創建均一中小學，提升台東教育環境，真是滿心歡喜、感恩。

建校募款活動中我們認領一間教室，雖然不富裕，收入絕大多數都是銅板，但積少可以成多，我們更加努力、用心經營早餐店，生意果真愈來愈好。這期間還有件巧合的事，加速我們的願心成就，有一天互助會頭打電話給我，通知開標日期，沒想到當天因強烈颱風來襲，大部分會腳都沒到，幸運地我就以低利息得標了。

我們持續響應大師「把智慧留給自己、把大學留給社會」的理念，贊助佛光大學、南華大學興學。兩年前，全家人再度發願，每天早上九點前的收入，存起來資助興學，近兩年來，我們每月贊助佛光山印度弘法基金一萬元、認捐南華大學一間教室每月一萬元。

孩子們了解人間佛教化世益人的殊勝功德，更認同父母「留德不留財」的家風，常跟我們說：「這樣忙得更有意義了！」很欣慰全家都是佛光人，我們五年前獲頒「佛光三好人家」，二〇一四年我與先生鄭金照督導榮獲「佛光楷模」表揚。

廖麗明與鄭金照伉儷

罪性本空由心造
心若滅時罪亦亡

方峋
永和佛光青年團團長

國中時，因為聽到一個凶殺案故事，驚悚情節勾起深深恐懼感，從此殘忍畫面不時在腦海重複出現，陰影揮之不去，整個人好像懸盪在半空中，沒有安定感，再加上讓人喘不過氣的課業壓力，終於負面情緒淹沒了我，大學只讀了一年，就因憂鬱傾向而休學靜養。

家人想盡辦法要幫我度過難關，帶我就醫，接受四個月的心理諮商輔導，但效果不彰。那時我全身無力，莫名的無助感如影隨形，整天躺在床上，只想選擇睡眠來逃避現實，連飯都不想吃。

母親辭掉工作在家照顧我，父親

每天陪我持誦《金剛經》，經文「一切有為法，如夢幻泡影，如露亦如電，應作如是觀」，像是在黑暗中露出一線曙光，我開始有些方向感，情緒漸漸地有所起色。

後來經由推薦報名參加佛光山短期出家修道會。接受短期出家洗滌身心之後，又到雲居樓大寮做義工切水果、行堂，這兩個月光陰意義重大，工作餘暇，我走遍山上各殿堂巡禮朝拜。一天，在上坡道路旁讀到一則偈語：「罪性本空由心造，心若滅時罪亦亡」，頓時心眼一亮！久立碑前，細細咀嚼這十四個字，焦躁不安的心彷彿流淌過一股清泉，內心慢慢湧現出一種睽違已久的踏實感，我告訴自己：有救了！佛教真是一門最偉大的生命教育！

一直以來，總覺得自己是個病人，自卑，害怕接觸人群，認定一輩子就這樣病下去了。何其有幸，偈語如甘霖普降，我思惟罪性本空，是由心的造作而有，所以一切並不是不可改變的，當心念轉化的時候，一切都自然隨之而轉。之前誦過《金剛經》，所以體悟特別深刻。

我訓練自己勇敢走出來，好好看待人生每一道風景，報考佛光大學佛教學系，在學期間擔任系學會副會長，現在是永和學舍青年團團長。曾深受憂鬱焦慮之苦，因此發願，要分享自己轉苦為樂的過程，幫助那些因憂鬱找不到生命出口的人。

方珣（左）參加永和學舍佛學營

共成十方事 同結萬人緣

陳碧月
昇岱實業股份有限公司副董事長
佛光山慈悲基金會中區執行長

一九九九年九月二十一日發生芮氏規模七點三的大地震，是台灣有史以來最大的浩劫，殘破瓦礫間哀鴻遍野。國際佛光會及佛光山兩個組織第一時間啟動緊急救援，募集發放帳篷、睡袋、棉被、衣物，送麵包、泡麵、礦泉水，捐贈屍袋、施棺；我跟著法師搶進災區，賑濟、慰問災民，為亡者助念。

那一年農曆春節，我擔憂災民過年困難，便與先生一起到集集、埔里、東勢等災情慘重的山區，發送紅包給四十戶人家。走在肝腸寸斷的土地上，滿目瘡痍，昔日綠意盎然的清涼林道，如今只剩黃土禿丘。

喘著氣環視破碎山河，憶起星雲大師說的：「慈悲不是一時，而是長久發心。」我清楚認知到後續的援助必須長期投入，此時一段法語在心靈空谷間蕩漾迴響——「十方來，十方去，共成十方事；萬人施，萬人捨，同結萬人緣」。重建之路艱鉅，須仰仗萬人同心協力才行啊！

第二年開始，法師們慈悲將「寒冬送暖」方案擴大規模，致贈八十受災戶新春紅包，每戶三千六百元以及愛心物資。我邀約企業界的朋友前來共襄盛舉。

年復一年，暖流持續為災區帶來溫馨，施者、受者攜手相惜，我逢人便重述這一段法語，不下數千遍，絲毫不覺得累。

工商界社團夥伴每年例行性捐款，也養成習慣了，春節前多會主動匯入善款，其中一位好友還傳簡訊——「你說得對！怎麼來的就怎麼去，十方來的就應該十方去。」我充滿法喜，相信未來善因好緣會循環回到每一個善心朋友身上。

當年許多中青代在斷垣殘壁間失去了生命，災區隔代教養家庭成了普遍現象，十七年來，訪視受災戶的時候，一些阿公、阿嬤會跟我話家常，告訴我，小孫子、孫女長大了，開始去打工賺錢了，請將這筆紅包轉贈給比我們更困難的災民；甚至有幾戶人家拿出數百元，要加入助人行列。

凡此種種感人事蹟皆驅動著我不懈倦，堅持「慈於心、善於行！」感恩星雲大師，引領我們走在廓然大公的道路上，人間佛教慈悲喜捨清涼甘露，潤澤苦難顏色，世界因此更充滿溫暖與希望。

退步原來是向前

黃明侃
合作金庫經理退休
國際佛光會檀講師

在金融界工作多年，養成「客戶第一，服務至上」的精神，皈依佛門後，特別能體會「手把青秧插滿田，低頭便見水中天；六根清淨方為道，退步原來是向前」的道理。一九九一年中華佛光協會成立，我從承擔高雄前鎮分會創會會長，到擔任中華總會理事，凡佛光會推展的活動，可說無役不與，能夠順利推展會務，主要得力於這首禪詩的啟發。

初始，我廣邀同事、親友加入佛光會，幾個月內，會員人數成長百分之三十，可以說一開始，各方面就相當具足，到現在本會十幾位督導的凝聚力還是很強。

在團體中最難的是人與人之間的磨合，常言道：「好言一句三冬暖，惡言一句六月寒。」我從不認為惡言相向的人是存心傷害，因為負面語言來自負面情緒，表示這個人正在受苦；所以自己一定先軟化，不將惡言當真，反以誠懇包容態度應對，之後再若無其事藉機關心。往往事過境遷，對方會因為我們的體恤而感激、心生敬重。佛教講人生有八苦，其中的怨憎會苦，可能是很多人的共通經驗，若能以「退步原來是向前」為座右銘，力行實踐，便能減少怨憎之苦。

佛經裡有位睒子菩薩，每走一步路都不敢用力、每講一句話都不敢大聲，怕驚動大地，自覺頗得個中三昧；跟人通電話，常一手持話筒一手做筆記，通話完畢，不會先掛斷電話，必定聽到對方掛電話的那聲「喀」，才會掛上電話。

深知佛光會榮耀的光環是集體創作而成，自二十五年前承擔會長始，便把幹部會員當作上賓、修菩薩道的福田，常在人前鄭重介紹、讚歎；用心記住會員義工進行勤務時的點點滴滴，召開會員大會時細數他們事蹟以表揚感謝。

總是會在彎腰做義工的時候，聯想起插秧的情景，今日回頭轉身，喜見二十多年來的耕耘果然滿田豐收。

臺鐵
左營站

一日佛光會 終身佛光人

于洪
磐古印刷科技公司總經理
佛光會北投一會督導

佛光會大型活動，我最常認領交通組工作，星雲大師在國父紀念館的佛學講座、每年的禪淨共修祈福法會、國定佛誕節暨母親節慶典，交通指揮背心已經成了我的標誌。

指揮交通須全神貫注，哨聲、手勢要明確才能勝任，風雨烈日下一站就是幾個小時，且無法參加盛典，但出勤務的金剛師兄並不引以為苦、為憾，因為我們能夠護持大眾領受法益，即是圓滿殊勝的功德。

印象最深的是二○○二年佛指舍利來台，在台大體育館舉行恭迎法會，成千上萬信眾從四面八方湧來，我在道路、十字路口維護交通、攙扶老菩薩過馬路。人群中有幾個生意上的客戶，看到裝備齊全的我驚訝地過來相認：「你是磐古的于總嗎？」我認真回答：「是啊！我是佛光人。」當下感到非常榮耀，更堅定了「一日佛光會，終身佛光人」的信念。

記得八年前承擔北投一會會長職務時，也照常要為事業奔波忙碌，印刷廠業者最擔心印刷量不足，工作人員在生產線上閒下來，機器關停。有一天董事長跟我說，既然你那麼喜歡佛光會，不如你總經理的位置卸下來，讓給其他人，減少業務量，就可以更專心去當會長。我一聽有點緊張，兒女還在念書，需要我這份薪水，心想一定要做好時間管理才行。

為兼顧公司與會務，只能跟時間賽跑。每當佛光會活動結束，晚上十點多再趕回公司，翻閱紀錄表，看到註明訂單不多，作業銜接會有問題，正不知如何是好，隔天就會接到老客戶電話，約我洽談下訂單，從無例外。可以說兩年會長期間，個人業績大躍進，整整增加兩倍之多，真是不可思議。在這家公司服務二十年，那八百天創下業績最佳紀錄。

我一直相信為佛法全心付出，必蒙三寶龍天護佑，身為佛光人，是我此生最大的幸福。

忙才能提升人生的價值

李德全
中華航空公司修護中心品管部檢驗
國際佛光會檀講師

三十年前，剛自軍中退役，一天在客廳拖地，母親打開電視收看法師講經弘法頻道，幾句法音初聞，便被深深吸引，握著拖把久立不動，心想這位星雲法師很特別，講的道理讓人一聽就懂，不是用艱澀難懂的佛教用語解釋高深佛法。

之後，我成了固定收看星雲大師電視弘法的鐵般粉絲，並到書局請購到了《星雲大師講演集》，耳目薰習，養成淡然、開朗的人生觀、世界觀。諸如〈從現實的世界說到佛教理想的世界〉、〈從入世的生活說到佛教出世的生活〉，大師以平易近人的文字，貼近生活的事例講解佛法，非常受用。世間紅塵白浪兩茫茫，多麼需要一盞指引方向的明燈，每每恭聆、捧讀大師心靈智語，總是暖意滿懷，感動無限。

之後數十年，常聽大師開示，他一生講述佛法，要讓大眾聽得懂，因為實用的佛教，才是人們所需要的「人間佛教」。感念大師化育薰陶的恩德，我理解了，並將佛法運用於日常生活、家庭教育中，獲益良多。

我與同修很早就皈依受戒、加入佛光會，並成為佛光會主要幹部，大兒子九歲、十一歲時，兩度到北海道場參加短期出家，是當時年齡最小的戒子。二〇一六年滿三十，因緣具足，於佛光山禮星雲大師披剃出家，法名慧眾。兒子放棄年薪百萬的工作，跟我說，出家才是最有意義、最有價值的道路，我聽了覺得很安慰。

人生價值幾何？星雲大師《佛光菜根譚》點撥「忙，才能提升人生的價值」，我的工作是三班制，作息不止常，一般來說容易產生倦怠、嗜睡的障礙，但二十多年來，我從會長、督導、督導長，乃至四年前承接國際佛光會中華總會北區協會會長任務，常為推動會務，排了滿滿行程，秉持大師「忙就是營養」的真諦，在服務會員大眾中，我領略無上法喜。

心甘情願

蔡麗真
佛光會三重一會督導

我曾是個無藥可醫的第三期淋巴癌病人，十九年前，脖子上一顆腫瘤手術後確定是惡性，緊接著化療半年一個療程，兩年半當中，一再復發，醫師幾度下重藥治療，我頭髮掉光、連續發燒一個月，身體變得非常虛弱。最後，醫師建議用骨髓移植，兩天後我看到一則新聞報導，得知一些重症者正焦急等待骨髓移植，我告訴醫生，要放棄骨髓移植，醫生很驚訝；我也知道，這個決定意味著，我即將面對的是什麼。我平靜地回到家中佛堂，對佛陀訴說心事：「佛陀！有許多病況比我更危急的人，在等候骨髓移植，我願將受髓順位讓出來。」幾分鐘後，我深吸一口氣，接著大聲說：「未來如果還有一口氣在，弟子定將跟隨星雲大師弘揚人間佛教。」

病痛折磨多年，我從未埋怨「為什麼是我？為什麼會到無藥可醫的地步？」內心只有一個信念「心甘情願」，所以能夠平靜看待一切。

既然無藥可醫，就不再接受治療了，決定自己用佛法來醫治，全身細胞都要照到佛光，乃至身口意全部都要佛法化。可以說那幾年佛光會大大小小活動，都可以看到我的身影。三重禪淨中心法師知道我的狀況後，跟我說「到禪淨中心來」，在法師召喚下，二〇〇四年開始了我朝九晚九，每天十二小時以寺為家的義工生涯。

二〇〇九年參加人間社記者培訓，學會了新聞寫作之後，終日埋首於採訪、寫稿，常常通宵達旦。有一次直到先生輕敲書房門說要出門上班，我才意識到天早已亮了，趕緊放下手邊工作，趕到道場準備法會前置作業，法會結束後再衝回家繼續趕稿，飯也顧不得吃了，幾片蘇打餅配咖啡，就是我的一餐。

所幸網際網路的便利與普及，人間社新聞報導將人間佛教淨化善美的精神理念，普傳世界。我發現自己從聞法者轉變為弘法者，二〇一一年人間社全球供稿排行榜我榮獲第九名，二〇一二年當選佛光會督導長，但人間社記者的任務，絲毫沒有怠惰，當年晉升全球排行榜第六名。

曾創下連續七年參加短期出家的紀錄。有一年擔任班首，正授儀式中代表戒子前去迎請和尚，跟著引禮法師行進大雄寶殿，佛陀慈眼望著我，我眼中泛淚，心意感通回應佛陀：「感恩您一直護佑著我！」

蔡麗真（圖中前方立者）參加佛光會年會。

鏡子用來照自己

蔡金珠
佛光會南台一會會員

有一天晚上兒子加班後回家，正好我也剛到家，兒子問我：「媽媽！我這麼晚才回家是因為在拚經濟，你這麼晚回家到底是在拚什麼？」我順口回答：「我在拚後世！」（台語，來世之意）。其實，現世中佛法就已經讓我受用無窮了。

跟先生結婚五十年，遇到看法不一致時，我就會生悶氣，每次都是先生先低頭示弱說：「算你對！」直到有一次我聽星雲大師演講說道：「如果老是要別人忍讓你，這樣的人叫做霸道。」後來和先生再有意見不合時，他「按慣例」趕緊說：「算你對」；我一反常態溫和地說可以再討論一下。他覺得奇怪，怎麼我變得這麼有修養，幾十年來不曾見我如此通情達理。我告訴他大師開示的內容，他笑著說：「早該把你送去佛光山。」

二〇〇〇年受五戒，聽大師開示：「鏡子是用來照自己不是照別人，看別人要看優點，照鏡子要看自己的缺點。」這句話令我感悟受用，成為日後待人處事的準則。

我今年七十六歲了，十幾年前王姝文督導特地來載我去助念，之後才有因緣加入南台別院大寮的義工團隊。我年輕時沒做太多家事，孩子們原本擔心，我每週三天去煮大鍋飯菜會太勞累，後來看我愈做愈歡喜、愈健康，慢慢地也就支持我了。

大寮的義工不容易做，因為爐火在燒，出菜要及時到位，容易緊張，常常情緒也發燒，我時常勸大家，要看別人好的一面，保持歡喜心，這樣才會健康。

我入寶山從未空手而歸，大師所提倡的老二哲學，也應用於家庭中。我很疼惜三個媳婦，在家裡，我強調不一定婆婆就是最大，每個人都是平等的。有一次媳婦發現身上長瘤，三家醫院檢查都說是惡性，結果手術之後，醫師恭喜說：「看起來不是惡性，是很飽滿的一個瘤。」那時候法師、會長帶佛光人去醫院探望媳婦，媳婦流淚跟大家說，都是託婆婆的福，因為他在道場做義工，有功德，全家都受到庇蔭。

佛光法語開啟我智慧，從「鏡子是用來照自己」的領悟，我「借鏡」參究人生，自然而然水到渠成「轉念的修行」。轉念幫助我、幫助我的家庭跨越了相處時可能發生的磨擦，避開了人生很多顛簸崎嶇的岔路，所以才能三代同堂和樂安康。

給人一點因緣

林依潔
立乾企業股份有限公司副總經理
佛光會桃竹苗區協會副會長

我高中時跟同學去台南關子嶺郊遊，巧遇佛光山法師，第一次看到那麼多出家人，尤其山風吹拂他們長衫，衣袂飄飄，就像一群天庭下凡的世外高人。其中一位永固法師跟我們道別時說：「考完試後，歡迎回來佛光山。」我聽了覺得奇怪，為什麼法師要說「回」佛光山？我從來沒去過佛光山呀！考完試上山去找他，他鼓勵我閱讀《釋迦牟尼佛傳》，後來很自然地在星雲大師座下皈依三寶，真的「回」到了我法身慧命之家。

大學時期認識我先生，我認為兩個人要能一起走下去，應該要有共同的信仰跟理念。我當時讀的是音樂學院，他讀的是理工學院，我邏輯思考和說話條理都不如他，自認無法為他詳細介紹佛教，知道他喜歡讀書，於是我就借放一些佛書在他住的地方，果然半年後，他告訴我說佛教應該是他想信仰的宗教。

先生當兵期間開始發心吃素，那兩年我每天禮佛一〇八拜，回向給他一切平安順利，他後來如願申請到美國長春藤盟校研究所，我們一致認為，是吃素與禮佛的功德力所成就。先生常常思惟生命平等的課題，當體認了佛教恢弘的平等智慧時，很快地主動皈依佛門。結婚後定居竹南，後來隨同先生到美國深造，回國後公公希望將一家新公司業務交棒給我，我是新手，一切須要從頭學起；不久佛光會幹部來拜訪，希望我承擔會長一職。兩方都是重責大任，考慮到分身乏術，實在為難。後以誠惶誠恐心情將兩個任務都承接下來，感謝分會歐金水督導教我藉事練心、黃壽娘督導指導會務，加上公公婆婆全力護持，我才能同時兼顧公司與佛光會。

有一次聽到覺勵法師一句話：「佛門非常重視孝道。」我進而得知佛門孝親思想，榮親耀祖乃是中孝，導親脫苦才是大孝。於是積極改變自己急躁的個性，與家人增加更多佛法話題，並訂閱數份《人間福報》，給婆家、娘家人長期閱讀，漸漸地他們了解了星雲大師是一位偉大的宗教家，也常讚歎人間佛教的精神理念。

這幾年佛光會大型活動一個接一個，有時難免感到體力不支，但只要看到每個人臉上的歡喜、感動，便會想起星雲大師開示的「給人一點因緣」，這一期一會，可以激勵大家向上向善的正能量，一股法喜輕安油然生起，疲憊感便會頓時消失。

公務員貪汙等於欠全國人民的債

李蕙蘭
泰山鄉立托兒所所長退休
佛光會泰山一會督導

過去的我不識因果，在地政機關擔任審查工作，當時正值台灣經濟起飛的年代，常有建設公司，為趕建案登記或銀行貸款，都會送紅包給承辦員，在合法的過程裡，以期迅速辦理並通過，我亦身在其中，起初不以為意，認為加班拿酬勞是應該的。

後來，在普門寺參加皈依三寶典禮，聽聞星雲大師開示，才知道公務員的老闆是全國納稅義務人，公務員貪汙等於欠全國人民的債。當下萬分懺悔，於是請調離開這個有紅包文化的機關，從此加強為民服務，比過去更主動積極辦事。

下一站到了鄉立圖書館當館長，看到進出圖書館人數及書籍借出次數都非常少，我想「有佛法就有辦法」，一定創新服務，吸引民眾踴躍使用圖書館資源。

首先，重新布置閱報區並設立咖啡自動販賣機，咖啡香結合書香，創下台北縣首例；接著主動與國民小學合作，舉辦班級尋寶遊戲、辦理借書證給小學生，館方也盡量增加兒童讀物，配合推出每月新書排行榜。更積極與鄉公所合作，共同打造學習型社區，號召社區民眾組織讀書會，全盛時期多達十個讀書會，其中好幾個是親子共組的讀書會。

公務員生涯的最後一個單位，是鄉立托兒所，優先服務中低收入戶和弱勢家庭子女，一到就發現每日收托時間是早上八點半到下午四點。很多家長看到時間表，四點還沒有下班，無法來接小孩，只好選擇放棄。於是，我將收托時間改成早上七點半到下午六點，下午延長收托者才須加付延托費，並且增加英文唱遊課程，至此情勢馬上逆轉，家長們趨之若鶩。

雖然創新了收托率，但是員工反彈，因為增長了工作時數，我好言相勸，未來的政策一定是走向幼托整合，我們一定要增加自己的職能，未來才會有出路，他們終於頷首接受。

就這樣，因為相信有佛法就有辦法，我立足於鄉村卻能創下台北縣首例，排除萬難服務弱勢，一直到退休。

當下發願 生彼國土

陳恭榮
佛光會台南善二分會委員

我住山上，是台南市山上區。我岳母喜歡到慧慈寺拜佛，邀約我們夫妻一起參加法會。第一次讀誦《佛說阿彌陀經》，就被優美的經文所攝受，「六方諸佛出廣長舌相，遍覆三千大千世界，說誠實言：汝等眾生，當信是稱讚不可思議功德一切諸佛所護念經。」我虔誠專注，油然生起敬信之心，我是「聞是說者，『當下發願』，生彼國土」，從此一心執持彌陀聖號，以淨土法門為依歸。

道場早期開辦的長壽讀書班，我常幫忙載老菩薩，所以大家都叫我「班長」。直到現在，慧慈寺所有法會與社教課程，幾乎都沒有錯過。

除了週一放香之外，我與同修每天都滿心歡喜來道場修繕、油漆、鋪磚、園藝，乃至搬桌搬椅。我須長期洗腎，但從不認為自己是病人，每週有三天下午時段去醫院，早上一定還是來報到。覺得愈做愈健康，有時候幾十斤的重物，也能不費力搬運。

義工工作中，比較須要投入耐心的，是活動布置，常常須要一改再改，我想，在道場磨練，就是要堪受一再重改，為的是更完美呈現，供養來寺的大眾。

經典說：「不可少善根福德因緣得生彼國」，衷心感恩常住慈悲，給了我們到此修福修慧的因緣。

為求往生淨土，勤於累積淨業資糧，金剛組出勤務時，常彼此勉勵善護起心動念，絕不散心雜話，不說世間是非語言，我們最怕的是一念瞋心起，火燒功德林。星雲大師提倡的五和中，我將為首的「自心和悅」奉為座右銘。

星雲大師是世界偉人，慈悲智慧普照世界，千古難逢，創建佛光山全球五大洲三百多個道場，為兩岸和平、天下蒼生而奔波弘法，若不是聖賢菩薩，如何能做到！今生福報殊勝得遇高僧，學習人間佛教，一定要藉此機緣加倍精進，具足信願行，當生即能往生西方淨土。否則就算來世可以再得人身，萬一失去正念，不知道要親近三寶，後果不堪設想。

龍天護佑

高林玲霞
佛光會台南中一分會督導

南台別院落成十年，我也在大寮掌廚十年了。以前擔任公司高級主管只知效率，不懂隨和處眾，來到佛門做義工，常聽法師開示，增長了慈悲柔軟心，不但在道場獲得好人緣，也接引晚輩一起快樂學佛。

二十多年前，曾隨團參訪佛教道場，那頓充滿菜根香的豐盛餐點，讓我感念在心，當下發願，以後有機會，我也要煮素齋給人家吃。退休後，為了進入佛門當義工，我學插花、上烹飪課，當取得插花師資執照後，也覺得下廚更得心應手，我想加上原本就有的裁縫專業，應該可以成為有用的義工。

在大寮我專注於色香味的烹調，心無旁騖，並致力於變化菜色，不能每天煮一樣，得空時就研究食譜。除了典座，南台別院四十位啦啦隊員的表演服裝，從設計到製作，我也號召義工群中的縫紉高手完成任務。

幾年前，看到星雲大師寫的「龍天護佑」春聯，我頓時領會了，我能做一個稱職的義工，完全是仰仗龍天護佑。十年來拿鍋鏟，平均每天站立超過十個小時，尤其大規模分贈臘八粥期間，早上四點就來開鍋熬煮，一天二十五大鍋，我六十幾歲的人了，若沒有龍天護佑，哪來的體力！

我學佛，最大的受益者是兒子、媳婦，以前在家裡，我一個口令，他們一個動作，全部都要服從。自從做佛門義工，整天在道場忙，常常心思都用在大眾身上，凡事給孩子們很大自由空間。每天早上兒子、媳婦、孫子出門上班、上學，我也一起出門；有時他們要跟我談話，還要預約，他們說很高興媽媽在外面那麼受歡迎。我很感恩兩個媳婦，把兒子、孫子照顧得很好，讓我可以安心做義工，因為心存感恩，所以看媳婦，怎麼看都可愛，家中只要有好東西，一定先預留給媳婦。後來媳婦成為佛光會祕書，孫子加入佛光青年團，全家人的共同話題更有意義了。

因果不會辜負我

古嘉琦
富邦人壽業務襄理
國際佛光會世界青年總團部天馬幹部暨妙慧講師

大學畢業後進入職場，在業務及人際關係上備感壓力，正猶豫著是否要辭職時，收到學長邀約參加佛光青年團舉辦的「團體動力學講師培訓班」，適時的契機，帶來嶄新的啟迪。課程中，我看到了自己的盲點，因為缺乏同理心，常會忽略別人的感受；同時驚喜發現，佛光青年個個都是善知識。

於是申請加入佛光青年團，成為白象幹部，也常擔任各種活動的主持人。有一天聽到一段話——「別人可能辜負我，但因果絕不會辜負我」，很震撼！在工作上，技術層面沒有問題，我最大的缺點是「努力耕耘過，必要求收穫」，如果努力過而結果不如預期，就會產生挫折感、不耐煩，學佛後，知道這稱為「求不得苦」。這句「因果不會辜負我」，讓我豁然開朗，從此只管認真做好每個細節，不再患得患失，掛礙「投資報酬率」。

後來事實證明，因果不會辜負人。因認知到過程就是最大的收穫，我誠懇待人接物、用心於工作流程，漸漸的與客戶的互動愈來愈好，業務運作更順利了。

二〇一二年元旦，我與佛光青年陳昭瑋，共同主持佛陀紀念館落成系列活動中的「佛光三好人家授證」，當時看到幾百個家庭接受表揚的壯觀場面，羨慕極了，從那天起，建立「佛光三好人家」，就成了我最大的志願。

其實立下志願的時候，我家已有三好人家的「初步規模」。二〇〇九年我跟著佛光青年上街頭推廣「五戒青年心生活運動」，覺得不殺生、不偷盜、不邪淫、不妄語、不酗酒、不吸毒，本來就是做人的根本，所以很快的就到佛光山受戒了。後來承蒙泰山區佛光會，給我因緣走進校園，與國、高中生分享積極樂觀的義工精神，媽媽與弟妹們受我影響，也相繼學佛受戒，加入佛光義工團隊。

二〇一四年，爸爸在全家的喝采聲中，搭上五戒縵衣。隔年，在佛陀紀念館，我如願上台接受「佛光三好人家」墨寶匾額。

古嘉琦與佛光寶寶快樂互動

家庭即道場

羅邱錦梅
佛光會台南東二分會會員

十三年前進來台南講堂大寮擔任典座義工，主要負責法會上供下施的供菜，在道場與大鍋大鏟為伴，沒想到也能廣結善緣到各國，除了每年佛光山的水陸法會之外，日本、馬來西亞佛光山道場舉辦水陸法會時，我也都會前往加入供菜組。

我一家三代都是佛光人，兩個兒子是台南金剛第十二分會會員，大兒子羅秋雄目前擔任會長，孫兒羅伯豪是台南佛光青年團祕書。

三個兒子結婚生子都沒有離開家，十幾個人住在同一棟，都對我很孝順，他們彼此之間相處也非常和諧友愛。我以尊重包容的態度對待晚輩，從不曾嘮叨、發脾氣，平時以《普門品》、持念觀音聖號為定課，逆境來時，念觀音聖號，心就能平靜下來。

我固定作早晚課已經二十年了，早課是我與媳婦們輪流作，晚課幾乎都是由孫子承擔。我實現了「家庭即道場」的願望，成為佛光三好人家，覺得很欣慰。

多年來，我受持八關齋戒已將近七十次。二十幾年前，我曾有一個比羅伯豪更大的長孫。他出生前，我作了一個夢，一位婦人將一個嬰兒抱來給我，告訴我：「這小孩是天上來的，跟你家的緣分只有七年，能不能延長，要看與父母的緣分如何。」沒多久，媳婦真的懷孕生子，乖巧可愛、聰明伶俐的孫子人人誇。幾年後我又作夢，從前送我嬰兒的婦人說要將孩子帶回去，我哭醒過來；半年後，七歲小孫兒往生，我萬分不捨悲痛不已。有一次參加八關齋戒會時，我一心一意祈求佛菩薩，希望能知道小孫子往生後到哪裡去了？果真，我看到一座蓮花池，小孫子就端坐在莊嚴美麗的蓮花上，從此我安心、放下了。

後來，第二個孫子羅伯豪出生，從小我就帶著他參加各種法會、活動，法會共修時，小羅伯豪都是穿著海青站在第一排，蓮友們也都知道，小羅伯豪有一個特定的寶座。他讀國小六年級時提出要求參加國際佛光青年會議，雖然不足齡，因為從小親近道場，法師破例讓他報名。

我們全家以道場為家，幾年來羅伯豪常帶堂弟們參加活動，台南講堂上上下下都喊他「哥哥」，而我，不論大小年齡的人，都叫我「奶奶」。

身口意業 惡習結果 百千報應

閻立俐
雅多麗國際股份有限公司董事長
人間佛教宣講員

丈夫臨終時，囑付我加入佛光會，我勉強接受，因為喜歡抽菸、喝酒、打麻將，跟佛門格格不入。那兩年，看到先生從生病到往生，佛光會楊梅會長帶著幹部，對他無微不至地關懷、往生助念，是本著感恩心，才加入這個團體。

幾年後我因聲帶痲痺蓋住氣管，呼吸困難無法說話，醫生說將聲帶綁起來固定可順利呼吸，但可能終身無法講話。手術後我只能發出極度微弱、沙啞的聲音。

我開始自怨自艾，十八歲就幫父母承擔家計，成就兄弟姐妹順利升學；一直到自己走入婚姻、維持家庭、教養兒女，付出多少心血，到頭來竟成了啞巴！

有天偶然翻閱《地藏經》，看到「如是等閻浮提眾生，身口意業，惡習結果，百千報應」，當下如同當頭棒喝，霎時醒悟。家族開設建設公司，十八歲起就在工地，耳濡目染之下也變得豪爽粗獷，因工作夥伴多是男眾，為增加保護色、學會講粗話，三十多年來形成動不動就惡口的習氣。捫心自問，實在愧疚！

了解自己的因緣果報後，我深深懺悔，積極參加法會，全心投入佛光會各種義舉。每每參加法會，我努力想發出聲音，不顧喉嚨刺痛到極點，拚命「大聲」唱誦，除了表達虔誠懺悔的心意，也是非常渴望能講話；漸漸地，我發現能發出的聲音愈來愈大，一年後竟能正常講話，雖然帶有像是重感冒的鼻音，但已非常慶幸、心滿意足。醫院後來請我回去錄音記錄，因為我是那家醫院有始以來，唯一綁住聲帶還能正常講話的人。

深刻體會到星雲大師提倡的「三好運動」，真是修行的靈丹妙藥！能講話之後，我滿口好話、常保有滿心的歡喜，親朋好友都說我愈來愈像慈眉善目的觀音菩薩。

欲知前世因 今生受者是 欲知來世果 今生作者是

劉學慧
漸凍人協會前理事長
佛光會台北教師分會督導

慈悲偉大的佛陀！
我是信女劉學慧
一九四八年跟著父母從大陸北京輾轉來到台灣
那年我九歲，因戰亂而顛沛流離的艱苦歲月
至今記憶深刻！
感念我的雙親！辛苦在台灣為三個子女建立起溫暖的家
我是長女，為了報答父母的恩德
盡心幫忙家務、努力用功讀書
十歲喪父，母親獨自教養把我們拉拔長大
我從未讓母親生氣、傷心
成績一直保持在前十名，期許自己

成為弟妹的好榜樣

北一女初中畢業，接著就讀台北女子師範（現改為台北師大）

婚後再到實踐家專、文大家政系、師大研究所四十學分班進修

至此學業告一段落

教師生涯起點是花蓮明義國小

從花蓮再到台北介壽國中、古亭女中、華江高中任教

因用心教學，獲得許多獎項

四十二年的教職，我兢兢業業，可以說沒有一絲一毫敷衍、怠惰

二十歲跟先生陳宏結婚

相夫教子，克盡母責，三個兒女皆取得博士學位、也有所成就

大兒子在紅十字會服務

女兒發病前是東華大學國際企業學系副教授

小兒子二十八歲取得美國德州大學工業工程博士，之後順利創業

一九九七年先生陳宏罹患運動神經元疾病成了漸凍人

全身癱瘓，只剩眼皮能眨動，

靠著呼吸器、鼻胃管維生，口不能言
我申請退休，全心照顧他
陳宏靠著僅餘的氣力牽動眼珠子，
引導我拼音、會意，一字一字持續創作
十四年間在病榻上眨眼寫書
作品字數三十五萬字，獲得金氏世界紀錄
他以文字傳遞出積極、樂觀的生活態度，鼓勵讀者
我的女兒、小兒子遺傳了跟父親一樣的病症
十年前，相繼發病
小兒子學習父親的精神，擔任校園生命教育講師
分享轉念的生命體悟，希望能成為「對社會有貢獻的人」
父子二人皆獲得全國身心障礙楷模金鷹獎
二〇一六年四月小兒子大謀當選第十屆漸凍人協會理事長
一位無法動彈、全身癱瘓、做了氣切的人當選公益協會的理事長
慈悲偉大的佛陀！

我學佛後，曾在佛光人集會場合中
分享對佛教法語的體悟
「欲知前世因，今生受者是；欲知來世果，今生作者是」
其實講這一段的時候，心情非常沉重
佛陀！
我不知道我們一家前世的因緣如何
但願今生積極行善，能消弭以往的過愆
弟子劉學慧，曾罹患癌症，但為照顧先生子女
克服種種不適，並承擔漸凍人協會理事長職責
媳婦屈穎，擔任國際漸凍人協會聯盟的理事
發心到國際會議上為漸凍人發聲
希望透過平台連結海外資源，為病友提供更周延照護與服務
佛陀！
也許這是我們全家人的功課
藉由我們，可以鼓舞更多人在困境中站起來

藉由我們，可以幫助更多病友及他們的家庭
產生面對現實的勇氣
慈悲偉大的佛陀！
請您慈憫弟子劉學慧一片赤忱
助人行善不遺餘力
二〇一四年榮獲台北市志願服務貢獻獎
前年接下國際佛光會中華總會台北教師分會長一職
希望在人間佛教的弘法中
盡一己之力，帶領台北教師分會
追隨星雲大師腳步，行三好、四給、五和
為人間創造一片淨土
慈悲偉大的佛陀！
請求您接受弟子至誠的祈願
請求您接受弟子至誠的祈願

直下承擔

蕭月娥
新東洋書局負責人
佛光會中華總會桃竹苗區委員

學佛前，我經營書局，非常忙碌，當時我的人生觀總以為，人生就是要不斷拚全力賺錢、購置房地產或享受物質生活。努力累積財富，拚命追逐名牌、趕流行，以致賠上了健康，罹患憂鬱症，常常想不開莫名其妙哭泣，甚至有自絕的念頭，在醫生強烈的建議下，我開始走出家門參加社團活動。

正在最徬徨的時候，在文化館看到了竹東大覺寺敦煌舞蹈班的表演。我從小學過芭蕾舞、民族舞蹈，唯獨沒有聽過敦煌舞蹈，因為好奇，前往報名參加敦煌舞課程，同時也受邀加入了佛光會。在這裡，我找到了自己的興趣，不但受邀到國內外各地表演，很榮幸又被遴選為二〇〇四年「恆河之聲——美加梵唄讚頌團」的團員，跟隨星雲大師、慈容法師，到美、加巡迴表演，以敦煌舞蹈供養大眾。

後來又參加北埔鄉導覽人員培訓，通過考試取得證照，專為來竹東大覺寺參訪的遊客，服務導覽新竹縣的歷史文化景點，也能與來自世界各地的佛光參訪團結緣。家人原本反對我在假日最忙的時候去當義工，後來看到我由憂鬱到常露燦爛笑容，態度才轉為支持。

為眾服務，給會員留下深刻印象，二〇〇四年竹東二會「會員大會暨幹部改選」，會眾推選我為會長，我擔心無法勝任，一時緊張想離開會場，但走到大門口時，腦海突然顯現星雲大師在美國開示的「要直下承擔」，重量的一句話，給了我力量，停下了腳步，勇敢回頭承接了會長的職務。回家與先生溝通協調達成共識，他擔任分會的祕書，我們承擔幹部後，更深入了解佛光山、佛光會為社會大眾所付出的巨大貢獻，及星雲大師「非佛不做」的信念，夫妻倆發願要追隨大師的腳步，為人間佛教善盡心力。先生陶文榮後來還承接我所交棒的會長之職，我們十六年來以寺為家，二〇一五年獲頒「佛光楷模」。

學佛前後境界有很大差異，有了佛法，覺得粗衣布服也很莊嚴，笑容才是最好的化妝品，更學會了轉念；我常以《佛光菜根譚》裡最喜歡的一段自我勉勵：「以平常心面對世事，以歡喜心學習接受；以服務心和人結緣，以感恩心回饋社會。」

蕭月娥（圖中著背心者）

有你在 我就放心了

李慧
天鼓擊樂團藝術總監
打擊樂演奏家

學佛教鼓樂，接收到法師聲韻語彙，發現佛門音樂語言如此自然，給人細水長流的感動。以前比較講究技巧，就是按照樂譜走，接觸佛教梵唄，法師唱誦洪亮富有特殊聲韻，跟一般的演唱不一樣，看著依潤法師鼓棒遊走於鼓面，覺得佛門鼓樂是從心靈意蘊流出，更深刻，我進而學著去體現「一聲一世界，一響一天堂」的意境。

跟佛光山結緣得很早。一九九二年台北市立國樂團與佛光山二百位法師在台北國家音樂廳演出，我也參與其中。此後，隨著國樂團多次與佛光山梵唄讚頌團出國巡演，看到了佛光山凡事為眾設想的善心美意。

一九九〇年創立天鼓擊樂團，一九九六年參加佛光山短期出家，主要是為了要聽晨鐘暮鼓，雖沒有聽到鼓聲，反而有的更大的收穫，知道了「心」才是最重要，懂得如何觀照自己的心。有一年在日本本栖寺大殿聽到梵音，法師說現場沒有播放音樂，應該是我聽到了自己心靈的天籟。

接到佛光會任務，常常腦子裡還沒有一點靈感的時候，只要慈容法師的一句話——「有你在，我就放心了」，總能給我莫大鼓舞。編寫禪淨密三修法會的擊法鼓樂譜時，是以「藥師佛」及「阿彌陀佛」兩種聖號為基調，法師右手擊鼓，左手順著海潮音由下慢慢往上高舉，代表的是佛法的推進運行。天鼓擊樂團在「龍騰虎躍」中的演奏獲得極大好評。天鼓成員全數畢業於各大專院校音樂系或國外學成歸國，皆具有精湛技巧與深厚的音樂素養，在禪淨共修祈福法會的演出，我很樂意站在側邊，將主位讓出來，給更多年輕頂尖打擊樂家投入參與；佛光山強調的信仰傳承，我亦心領神會。

二〇〇九年四月的世界佛教論壇，大師給我指示，北京奧運剛結束，希望世界佛教論壇閉幕典禮，我們也能有相仿的氣勢磅礴鼓聲。剛開始我認為那是一個不可能的任務，因為奧運典禮表演，大都是訓練一、兩年的成果。為了達成大師的期許，我秉持「有佛法就有辦法」的信念，想方設法全力以赴，終於尋得門徑，促成天鼓與普門中學合作，兩個團隊密集訓練揮汗奮進，終於完成使命。

普門大開

余金桂
佛光會高雄右昌一會會員

一九七〇年，我二十歲就開始參加「佛光山朝山團」，並且常到佛學院廚房去幫忙，一九八九年佛光山右昌布教所成立，我與右昌念佛會的蓮友非常高興，全心護持，後來大師成立佛光會，右昌念佛會一百多位成員很快便加入右昌分會。

右昌布教所成立，學佛者更加踴躍，場地不敷使用，信徒多次上山晉見大師，得到大師首肯，於一九九二年購得楠梓區藍昌段的基地，興建寶華寺。

那時大師派滿禎法師來建寺，滿禎法師非常慈悲勤勞，常常自己動手在工地忙，我們信徒感動之餘，自動自發加入建設的行列，當時大家都是穿雨鞋、戴斗笠，每天按時來報到，挑沙、挑水泥、油漆牆壁、木材抛光打磨上漆，我們有十幾個人組成的工地義工，齊心協力建寺，很慶幸剛好有一位趙勝喜居士是有執照的建築師，會看設計圖，幫了建寺工程大忙。梁柱的澆置工程中，我們使用振動棒搗實混凝土，我搗到手痠痛，晚間睡不著覺，痛得流眼淚，隔天一樣照時間來「上工」。我們也輪流做飯，一餐約四十人吃飯，大家就合力買菜、買瓦斯。到後來，因為認真做出心得，建築工頭還想聘我們去別的工程做小工。

那時先搭了一個鐵皮屋，供有佛像，有佛祖可以拜，我們怎麼累都願意。我跟我先生都在工地忙，週六、日四個讀小學的小孩自行在家寫功課，朋友問說你們不擔心嗎？先生回答：「佛菩薩會幫我們照顧小朋友。」四個小孩都有受五戒，寶華寺初建成，我們全家一起來巡寮。我從在工地為大家煮飯開始，延續到大寮煮大鍋菜，至今二十年了，看到大家吃得津津有味，我就滿心歡喜。我最記得星雲大師說的，要「普門大開」，大開普施方便門，所以效法大師精神，培養了一份供養心。

佛光人好有福報，能遇正法，親近善友，感恩大師賜予啟建道場因緣，讓信眾能為建寺盡一份心力，真是千載一時，一時千載。

不請之友

余秀娥
佛光會小港一會督導

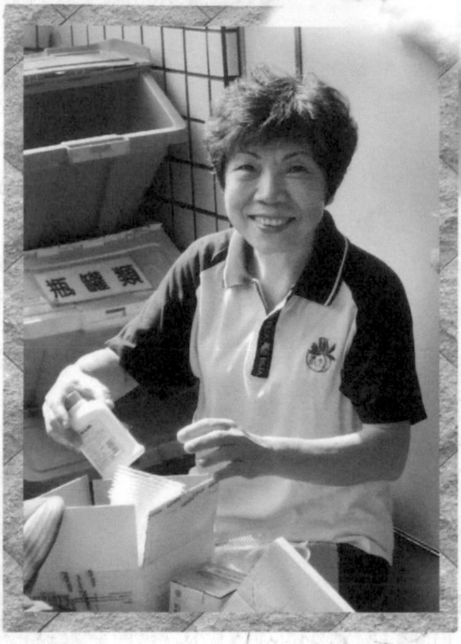

兒子曾問我：「媽媽！佛光山為什麼要建這麼多別分院？」我回答他：「兒子啊！想當初你爸爸往生，媽媽傷心，常想著不要活了要跟著他去，如果沒有佛光山道場，你哪裡還會有這麼個活力充沛的媽媽？」

十幾年前先生往生，家人聯絡小港講堂法師助念，我看到法師的慈悲，之後到講堂為先生登記隨堂超薦，聽法師開示，覺得很有道理，就常來道場，有一天看到有分會在辦義賣會，我主動幫忙，就這樣認識了佛光人，很自然地就加入了佛光會。

有一天聽到「要做不請之友」這

句話，我想原來主動幫忙別人就叫做不請之友，從此更加積極四處結緣。除了到服務台值班，我更歡喜把道場整理得一塵不染，望著清淨明亮的殿堂，想著來寺禮佛的信眾走進這一方佛國淨土，內心的喜悅感真要滿溢而出。

多年來固定的香積廚功課，日子過得最充實。每年年底，從佛光山水陸法會到小港講堂臘八粥結緣、製作過年年糕，再跨年到佛光山。佛光山春節平安燈會期間，小港講堂是「春節便當組」的主力部隊，我更是處於心無煩惱菜根香的境界，自大年初一開始，從早上六點忙碌到晚上七點半，提供全山工作人員及義工午、晚餐便當，每天幾千個便當。有人問我不累嗎？我說回家再補眠就好了。這幾年，我每天晚上睡覺躺在床上，也都自我訓練，問自己如果就這樣往生了，該如何保持正念。

入佛光會兩年，因緣際會接下會長任務，那時對會務還不熟悉，非常努力學習，議題不會寫，不能常麻煩法師幫忙，自己試著揣摩練習，擬寫的一張一張草稿上面充滿塗改的痕跡，都是記錄我新手上路的重要歷史，加上常須在會議中發言，所以我聽法師開示都勤做筆記，看到任何有啟發性的文章，也趕緊拿起紙筆抄寫。

我鼓勵會員，發心當會長，成長最快，因為無時無刻不在做功課，想著要利益大眾。

憶佛念佛 現前當來必定見佛

葉清子
洋裁教師
台南永康二會會員

四十八年前，佛光山還在初創的階段，山上還沒有建好任何佛殿，我就曾抱著大兒子來拜佛了，中間相隔二十年才又有機會親近佛光山。一九八六年第一次到高雄普賢寺參加藥師法會，梵唄聲一響起，我頓時淚流滿面，心想唯有佛菩薩了知我人生路上的辛苦。

我從小貧苦，渴望心靈的依靠。後來成為洋裁老師，學生人數不少，從早忙到晚，有一天深夜在畫版型的時候，小女兒在一旁寫功課，我跟他說，媽媽好想去親近莊嚴的佛光山法師。

幾年後得知佛光山在高雄設立普

賢寺，真是如獲甘霖，每週從台南搭公車到高雄參加普賢寺的念佛共修法會，為期四年。有一次沒趕上公車，抵達時大眾已經開始誦經了，在大殿門口聽到《阿彌陀經》經文，覺得整座大殿散發光彩。

謹記「不可以少善根福德因緣得生彼國」，我告訴自己一定要好好修持，具足善根福德因緣。佛光山是一個菩薩道場，是最好修福修慧的所在。很有福報加入佛光山水陸法會供菜組、新春期間與法師配合備辦五菜一飯便當，供養全山大眾，將近二十年了，雲居樓、檀信樓、三好樓，都是我精心準備齋食供眾的福田之地。

我以前做裁縫，一針一線都很仔細，做菜給人吃，我也絕不馬虎，配菜、火候、切工、擺盤、調味比例，都用心拿捏，再累還是堅持一切要到位。

因為素食烹調的因緣，二〇〇四年隨「恆河之聲——美加梵唄讚頌團」出國，負責團員的飲食；菲律賓萬年寺籌募「佛陀傳」到美國表演的經費，舉辦募款餐會，我也去共襄盛舉，辦桌展現「手路菜」（私房菜、特色菜）。很榮幸，能有這些技藝，成為佛門義工。

我本著大眾第一的精神來服務，希望三世才能修得的功德，我能一世就圓滿，我不確定今生這樣修，是否資糧已具足？無論如何，我一定要拉著阿彌陀佛的衣角，往生西方極樂世界，我行住坐臥間皆持念彌陀聖號，堅信「憶佛念佛，現前當來必定見佛」。

妄念摧殘人心

許拎
佛光會台南安南二會會員

一九八四年因身心皆感到不適，所以報名福國寺社教課瑜伽班，一次特殊因緣參加了禮千佛法會，覺得非常殊勝，從此走上學佛之路，隔年皈依三寶。之後持續參加念佛共修會，法師引導攝心專注念佛，心、口要念得清清楚楚，我念到雜念全消，內心感到無比清涼，這才恍然大悟，相較之前的不適，應該不是什麼疾病，而是得了憂鬱症。

後來因肝病復發，我就在家裡靜養，自己種菜吃，有一天打開電視收看佛教頻道，聽到法師提醒學佛者，要感恩當初度你入佛門的善知識，我想起福國寺的種種，當下立志不要因病而曠廢了共修的機會，於是又回到熟悉溫馨的道場。

有一次恭聆星雲大師開示，大師講「妄念摧殘人心」，乍聽這句話，實在真切，如雷貫耳，我默念好幾遍，愈想愈有法味，之後便常常藉此自我觀照，止息妄念；我深切體會到佛法經典雖然浩瀚，只要能專持一句法語，積極踐行落實，就能得到佛法的受用。

在道場做義工，日常持念阿彌陀佛聖號，對人對事都心存感恩，感覺心地漸趨於平靜、清明。

我讀星雲大師的書《老二哲學》、《百年佛緣》，學到的就是一個「忍」字，大師從小到大，一輩子都在忍，因為能忍，最終成就了弘化全球的人業。學習大師忍的功夫，我也衷心感謝給我逆境的人，別人罵我，我還會關心問候：「你今天心情怎麼這麼不好！」我想對方動怒，一定是我有不周全的地方。家族中有人對我苛刻，無論態度如何惡劣，我都能忍下來，女兒不捨，嘆息說：媽媽太辛苦了。我安慰他：「一切都是緣起緣滅，都會過去的。」

公公中風臥床七年，我照顧他生活起居，他往生時，許多蓮友來助念好幾小時，當我掀開陀羅尼經被，看到他遺容安詳、紅潤，我感到非常欣慰，當初我力排眾議，不讓公公住進療養院，堅持親自服侍照顧，引導公公認識佛法，一切勞苦都值得了，自此更加肯定安忍的功德！

念佛不是算件的

李秋
佛光會台南安南二會會員

在福國寺當義工二十六年，大家叫我阿秋。一九九○年佛光山在高雄文化中心舉辦「甘露灌頂皈依三寶典禮」，星雲大師親自主持，不知道什麼原因，看到星雲大師就滿心歡喜，那種高興無法形容，是千金萬金都買不到的喜悅。

十幾年前跟同修一起到佛光山受戒，正授典禮的時候，我雙手合十，一抬頭，望見大師從大殿中間進入戒壇，內心除了喜悅還有滿滿的感動。大師講經說法都不用看稿，條理這麼清楚，那是內在的智慧所展現出來的，幾十年來辛苦弘法，到九十歲了，也都沒有休息。

早期福國寺大殿下雨天還會漏雨，我們跟法師忙著拿臉盆去接水，現在歷經幾年重建，嶄新的殿堂寬敞明亮，煥然一新，感恩佛菩薩保佑，讓台南的信徒擁有這麼莊嚴的道場。我原本是資源回收的義工組，後來轉到環保組認領淨房清潔打掃。

有一天總務組、法務組、雲水書車人員不約而同打電話邀我來做義工，真的很感謝大家都會想到我，覺得我有用。另外安南二會通知到殯儀館為亡者助念，我幾乎全勤，過年前，台南維康大樓地震倒塌，一百多位居民罹難，我也在法師的帶領下前往助念，回向亡者往生阿彌陀佛淨土。

我固定擔任每週六打掃大殿，每週一、四掃淨房的義工，法會期間天天掃。今年七十三歲，義工愈做愈健康，子女們也慢慢支持，不過女兒問過：掃廁所不覺得髒嗎？我告訴他不會！給來寺禮佛的人有乾淨的淨房可用，很重要。

有一次法師鼓勵我到淨業林打佛七，我擔心淨房沒人打掃，因為那是我的職責，法師說會找人代替，我才安心上山，參加一次佛七就念佛念出法喜，之後常上山打佛七。保和尚曾在佛七當中開示，念佛身上會放光，還有「念佛不是算件的，不要那麼急，那麼緊張」，這句話幽默又點出重點，我會心一笑，從此牢記於心。

身口意常清淨

陳金發
佛光會鶯歌一會督導

十六年前女兒跟我說想就讀佛光山叢林學院，我到桃園講堂去了解報考的注意事項，那是我第一次見到佛光山的法師，感覺很莊嚴，修道人的和藹、慈悲氣質攝受人心。

之後我利用假日到桃園講堂當義工，一直到鶯歌禪淨中心成立，那年我剛好退休了，經徐富銘督導的提攜接引，幾乎每天到道場，洗水塔、打掃、接送老菩薩去助念，成為隨叫隨到的服務。後來因緣成熟，承接鶯歌分會會長任務。

學佛要善護念，我最怕「有漏」，漏失功德法財，最怕造口業，口業最難守護。多年前曾在一次燄口法會後，一個信徒要回家時發現帶來的雨傘不見了，很不高興到服務台跟法師說，這裡都是佛教徒，為何亂拿別人的雨傘？那位法師平靜回答他，這位居士，您是否可以回憶一下剛剛法會經文「身口意常清淨」。我在旁聽了，非常震撼，法會剛結束，心口不一起修，功德都漏失了，真可惜！

每晚睡前我都會反省自己的身口意，是否如法，是否有不圓滿的地方，有沒有給人信心、給人歡喜。我很喜歡禪宗公案中馬祖道一禪師與百丈禪師「野鴨子」的公案，這公案啟示我們要體悟本心活在當下，不能被外面的境界帶走。

有幸在金光明寺一筆字書法館服務，義工群深入體會星雲大師寫一筆字的慈心悲願，用心為每一位入館參觀的民眾導覽解說，我們也善用地利，推薦《貧僧有話要說》及《人間福報》。

我自覺是個駑鈍的人，並不聰慧，常自我勉勵勤能補拙，凡事從小處著手，慢慢地養深積厚。虛雲老和尚在禪堂中捧杯喝茶時，因杯子落地摔破而開悟，其實那是日常當中點點滴滴不斷累積小悟才成就的大悟。

我不具備聖賢的慧根，希望見賢思齊，以勤勞精進彌補鈍根，鞭策自己進步。

我感念每位法師的度化領眾，所以不管多年輕，甚至才剛出家的法師，我都是以一份平等恭敬心請法。

如是因 如是果

高瓖齡
佛光會永康二會會長

我九年前罹癌，朋友約我到南台別院參加「慈悲三昧水懺法會」，朋友很好意說除醫療之外，參加法會也能消業障，更重要的是能讀經了解因緣果報。

在道場認識了佛光會友也參加佛光會活動。最難忘禪淨密三修法會，生平首見如此壯觀萬人獻燈，場面真是震撼。萬盞燈一亮，人人注視自己手上那盞燈，齊心唱誦佛號、祈願，海潮音一波波湧向內心深處；尤其「啟告十方」那一段，令人感動的梵音響起，壇場上方撒落的菩提葉飄散，就像佛經說的天雨曼陀羅花，大眾如同置身佛國淨土。

我樂意加入佛光會並主動詢問義工組別，不僅加入助念團更成為助念佛事的香燈。每天收看人間衛視人間佛學院，聽法師開示講課，深入佛法深義。佛教講「如是因、如是果」，給我很大啟發，往因緣法深入思惟，體察生活的點點滴滴，漸漸影響我的人生觀。我告訴自己一切都有前因後果，人生每個經歷都要用平常心去看待，不把苦當作苦，慢慢發現，苦已不成為「苦」了。當年手術前，帶著《金剛經》到醫院，誦完後換上手術服，邀全家人一起拍合照，緩解家人的緊張情緒。我的想法正向、積極，遇到問題就面對它、處理它。

生病後體會到人生無常，所以更懂得要把握因緣，我在佛前發願，生生世世護持佛法、利益眾生，相信現前積極種善因，就能改變命運成就未來的善果。多年來在佛光會做義工，愈做愈健康，二〇一三年承擔會長的任務，三年來常要邀約會員參加活動或協助義工工作，也有被拒絕的時候，但我不會因為被拒絕就退縮、沮喪，相反地，下一次我會先想到他們，繼續邀請，這是給他機緣也是給我自己與人為善的機緣。

我爸爸曾問我都在忙什麼，我回答他「在忙著植福！」他覺得很安心。

一切唯心造

高淑敏
正崴精密工業股份有限公司前業務經理
佛光會松二分會督導

因為一個佛事的因緣，全家到普門寺參加超薦法會，佛光山法師的梵唄非常莊嚴，令人心生法喜，之後我每年都帶小孩參加普門寺的瑜伽燄口法會。一九九四年台北道場成立，我就近到台北道場共修同時擔任知賓義工。

我對人生路上的「禍福無常」深感恐懼、常起煩惱心，慶幸後來學佛了，起煩惱時，我會靜下來思考，回憶在佛學課程中法師講授的法義，佛法教導煩惱就是無明、輪迴的根本，當煩惱起時，要學習正向轉化；有一天聽到法師上課講到「一切唯心造」，這句話使我的身心有了安頓之處，從此我練習照顧念頭，當擔心孩子的時候，便轉為稱念佛號，將煩惱轉化為「祝福」送給小孩。

教養兒女真的不容易，我帶他們去道場，希望他們經由熏習，成為慈悲、有善心的孩子。我三個小孩讀小一時就參加台北道場舉辦的夏令營。我發現佛法是非常好教養兒女的圭臬，因為他們養成了不貪心、要慈悲的觀念。

想接引孩子學佛，要從小就給他因緣，因為到了國、高中時期，課業壓力重就鮮少有機會來道場了。學校老師常在考試前把學生帶去參拜文昌帝君，我是把孩子帶到台北道場，虔誠祈求佛菩薩加被，讓他們都能「止常演出」，很奇妙，他們每次大考成績都比在校分數高出十幾分。

小兒子高中畢業那年暑假，我在道場看到短期出家的文宣海報，上面寫著「生命中最重要的七天」，這句話很能打動人心！回家就鼓勵他，趁大學分發前的空檔，報名佛光山的短期出家，給你十八歲生日一份特別的成年禮，也是報答父母恩的最好方式。

為期七天的戒會結束後，兒子跟我說收穫非常大，連續三小時滔滔不絕分享短期出家的種種，還建議全家每個人應該至少要參加一次這樣殊勝的修持。從善如流，隔年我上佛光山短期出家，之後他哥哥、妹妹、爸爸，都陸續圓滿功課。因為課程中有「認識戒常住」，所以全家都了解了佛光山弘揚人間佛教的宗風理念，也更加尊敬、讚歎星雲大師。

高淑敏（右二）全家福，全家都曾參加短期出家。

磨難成就菩薩道

簡麗珠
美極客跨境電商環球直購有限公司亞太區總代理
佛光山監獄布教師

爸爸往生那年，自己也面臨到許多關卡，不如意事接踵而來。為了解脫煩惱，先是去學打坐。一味打坐，對佛法一無所知，能自認是一個佛教徒嗎？那時覺得很心虛。坐在蒲團上自問：「端坐在這裡就算在修行了嗎？」「內心的痛苦並沒有減少！」「一枝香、二枝香過去了，這樣就可以成佛嗎？」帶著疑情下座，我四處尋找佛書解答。

十二年前，因為佛書的因緣，我走進了佛光山新竹無量壽圖書館，即是現在的法寶寺。幾個月之間，很快跟裡面值班師姐熟稔起來，有一天師姐告訴我佛光山將傳授在家五戒菩薩戒，我興奮報名，我想平常做人處事都合乎五戒，而且原本就吃素了，於是誓願持守在家菩薩戒。

有一天在道場聆聽佛學講座，法師講的一個故事，說中了我的心事，故事主人翁的苦厄正是我的翻版，我忍不住淚流滿面。那則故事如明鏡照亮了我，讓我認清了自己痛苦的原因，也徹底改變了我之後的行事作為。法師說：人生路上，給我們種種磨難的人，其實是來幫助我們成就菩薩道。領悟了之後，我學著用感恩心看待一切，慢慢地發現逆境因緣竟然轉變了，周遭人事物都漸入佳境。

星雲大師提倡人間佛教真是偉大睿智，我之前在蒲團上坐了好幾年，體會很深，佛法一定要應用在生活上、人我之間，只有透過生活修行，身體力行，才能嘗到法味。我每週五到新竹監獄布教，用讀書會的方式帶領導讀，雖然監獄布教挑戰性比較大，但我全力以赴，希望藉由佛法的力量，建立受刑人重新出發的信心。

我鼓勵家人加入佛光大家庭，大女兒大學畢業後在佛陀紀念館服務，小兒子從小在道場當義工，二女兒是佛光會行政祕書。連續幾年的禪淨共修祈福法會上，先生擔任金剛，我是知賓，女兒在行政組，齊心護持大眾領受法益。

當初我從蒲團下座，幸好得入正信道場，遇逢善知識，皈依受戒，以「平常心是道」的正知正見，服務大眾、奉獻所長利益人群，進而為全家人鋪展出一條通往菩提道場的精神橋梁，受戒發心的因緣何其微妙。

「素香」麵

石素香
佛光會台中東海分會會員

一九九二年東海道場成立，因緣具足我加入義工，負責清潔工作。一次八關齋戒缺行堂義工，法師召喚我進到齋堂，也走進了大寮典座。

剛開始是輪班煮飯燒菜，一段時日後法師希望我能掌廚，所謂「法輪未轉，食輪先轉」，我對素食烹飪不在行，怎麼有辦法備辦大眾的飲食，真的很惶恐，法師鼓勵我：「只要肯用心，就沒有問題。」二十三年來，我牢牢記住這句話。

我認真研究食譜，把握機會跟烹飪高手學習，熟記工序。每次法會後大眾用餐，一桌桌問「吃起來口味怎麼樣？」我努力煮出大眾口味，也常變換菜色，堅持用當季蔬菜，不用香菇精、昆布精等調味料，這樣才能吃到菜根香；多年來菜販總要聽我再三交代：「我們要的是沒有農藥汙染的蔬菜。」在每個細節上用心，但願沒有辜負常住交付的任務。

負責惠中寺法會期間信眾用餐及參訪團體的餐點，大寮義工常常從早忙到晚。有一次一個參訪團原訂中午十一點半來用餐，結果整整遲到三個小時，到下午三點半才抵達，那時段我們已經在準備大眾的晚餐了。雖然如此，我們大寮全體義工還是一樣以歡喜心來迎接客人。歡喜心不會因任何因素打折扣，人間佛教就是訓練我們要在動中修行。

東海道場是南北的中途站，星雲大師南北弘法常途經這裡，有一次我煮羹麵，大師嘗了以後慈悲指導我，不要放太多胡椒跟醋，要先讓味道融合，不要突顯哪一種味道，用餐時，把胡椒跟醋放一邊，喜歡什麼口味的人自己去加。大師說就像在團體中，不要凸顯個人，要以大眾為重。這時旁邊有一位法師問：「師父！師姐這碗麵該怎麼稱呼？」大師回答：「你名叫素香，就取名『素香』麵好了。」

感恩大師教我做菜的同時也教我做人的道理，他的教誨我終身受用。

全年無休

楊秀枝
佛光會台中南屯一會督導

東海道場剛落成啟用的時候，我鄰居一位師姐從《普門雜誌》上得知道場要舉辦皈依典禮，就邀我一起參加。那是我生平第一次聆聽到這麼清淨美妙的梵唄，備感親切，當下認定這就是我要親近的道場。

從此我成了東海道場共修法會的全勤生，除非遠遊，否則不管多忙，我一定趕回道場參加共修。平日一有空閒我就來道場禮佛，法師邀集包括我在內的六位師姐加入布置組及典座組。我從一九九三年起，每週四固定在道場典座，也負責每月初一、十五的法會供菜，從東海道場時代到惠中寺，整整二十三年。

記得剛開始煮菜時，手忙腳亂，時間又緊迫，有幾次急得直掉眼淚。那時大師到中部弘法都會到東海道場，有一次他鼓勵嘉獎大寮義工，就送我們每個人一份一千元的紅包，那個紅包我一直供在佛桌上，對我來說那是無價之寶，二十幾年了，看到那個紅包就能再憶起大師對我們的勉勵。大師這麼高齡了，全年無休忙著度眾，我們更加不敢懈怠，到現在我們那六個人的班底都還在。

十年前來到惠中寺，每天從早上八點到晚上九點在服務台值班，遇到水懺、燄口法會，我們南屯一會承擔供菜組，我就到大寮典座。在東海道場時期，參加都市佛學院，聽許多法師講解佛法義理，近幾年守著服務台，無法參加各種法會、佛學課程，所以每晚回家後，一定補做晚課。效法大師精神，我也是全年無休。

先生是公務人員退休，有一陣子非常不贊成我親近佛光山，因為誤會大師是政治和尚，我請他收看人間衛視、閱讀《人間福報》，慢慢地他了解了星雲大師的修為及佛光山的宗風。去年《人間福報》連載《貧僧有話要說》，他非常認真讀報，之後還索取《貧僧有話要說》贈書，寄給他在高中當校長的弟弟看。

我年輕時脾氣暴躁，學佛後愈來愈溫和，尤其長期在道場服務台值班，我也將親切服務的精神帶回家中，先生與兒女都說我找對了道場，現在我們家是三代同堂，歡喜盈堂。

別人對你的尊敬就是你對我最大的孝順

蔡招娣
大容聯合建築師事務所經理
佛光山惠中寺文宣組長

我四歲時就有生死的概念，對於解決生死的問題一直縈繞腦海，青少年時期對人生非常迷茫，因為生死問題沒解決，我不知道人生真正的價值在哪裡。對生命有許多困惑，所以常常藉著寫詩抒發情緒。讀書的時候有幾位信仰基督教同學帶我到教堂，我學會了禱告，之後長達十年每晚固定時間禱告。

二十七歲時姑丈往生，同事的母親是佛教徒，她告訴我應該要到佛教寺院幫姑丈做佛事，於是我跟著她到了福山寺。第一次進到佛殿，聽到法會鼓聲，我情不自禁眼淚直流，淚眼模糊唱香讚、誦《阿彌陀經》，多年尋覓，我知道自己找到了回家的路。

來到佛光山道場，發現佛光山、佛光會具備方便接引法門次第。我二十九歲就接任會長職務，法師指示我擬寫活動企劃案，包括一九九二年第十八屆世佛會，五百位各國佛教代表到東海道場用早餐，台中市長、議長皆蒞臨參與接待工作之人型活動。我也常穿上知賓服接待客人，也認領環保組，去收垃圾、打掃淨房；希望多方面參與義工服務，深切體認眾緣和合的難能可貴。

許多好朋友好奇問我，為什麼一直沒想要改名字，因為現代人哪裡還有「招弟」的觀念。我上有兩個姐姐，爸爸一直盼望能有兒子，將我取名「招娣」就是渴望我下面是個弟弟。多年來我堅持不改名，希望有一天爸爸也能以我這個女兒為榮。尤其聽過大師開示，老奶奶曾對大師說：「別人對你的尊敬，就是你對我最大的孝順。」這句話給了我深刻啟發。

在惠中文宣組學習三年後，終於獲得人間社發給的記者證，我將聘書拿回去給爸爸看；《人間福報》刊登我寫的報導，我也把報紙帶回家給他看，爸爸是個木訥寡言的人，當場沒表示什麼，但之後我接到姑姑的電話，爸爸高興對他說：「招娣是一位記者喔！」

我做義工不但能服務大眾、報導人間真善美新聞，利益眾生報答三寶恩；還能讓家族以我為榮，長養對佛法的信念，讓我一償報答父母恩德的心願。

給人歡喜

劉清諒
三立營造有限公司負責人
佛光會高雄六度分會督導

媽媽在朋友邀約下，參加普賢寺共修法會，沒多久他告訴我，他要成為佛教徒，並開始每天早上四點半做早課。

常開車載媽媽去普賢寺共修，他幾次要我一起上到大殿，我都說有事要忙。半年後因媽媽帶的供品太重了拿不動，叫我幫忙搬，我勉為其難踏進佛殿，沒想到，看到的一切竟是那麼清淨、莊嚴。

有一天動念想拜一拜七如來，就到了普賢寺大殿，有一位義工正好在布置法會壇場，他轉頭向我招手，請我幫忙拉布，又問我會不會用米達尺量間隔距離，我隨口回答說：

「會呀，我是做營造業的。」大約過了兩個月，普賢寺十一樓的磁磚爆裂，依潤法師打電話問我可不可以去修理，就這樣，普賢寺很多修繕工作就由我來包辦。順著這樣的因緣，我參加了農曆七月的燄口法會，第一次聽到法師唱誦的音聲，大為震動，梵唄聲深深攝受我心，整整四個多小時法會都在流淚。

一九九一年我加入金剛護法、採購組義工，法會期間每天早上四點半去菜市場買菜，八點半開始護壇，中午法會休息時段，趕快抓緊時間回工地看一下，再回來繼續護壇。二〇〇五年擔任前金分會會長，邀請太太一起參加佛光會活動，家人才懂得了原來人間佛教非常重視家庭的健全、和樂。後來常住將我轉到高雄佛教堂去當護壇組義工，協助慧寬法師。在法師輔導下我在高雄佛教堂召集籌備六度分會，太太擔任分會祕書也常到大寮去幫忙，夫妻倆成為菩提眷屬。

我個性嚴肅，直到有天聽星雲大師開示，佛光人的工作信條是「四給」，要給人信心、歡喜、希望、方便。我想個性不改，永遠沒辦法給人歡喜，為了改變臉上線條，我每天到旗津海邊對著大海大笑；七天後發現臉部放鬆了，線條改變了，能面帶笑容跟人打招呼，也因力行四給精神，分會增加了一百五十位新入會員。

我在眾中

吳鴻明
錠嵂保險經紀人、業務襄理
全國廣播「悠遊人間」主持人

記得讀小二時有一天放學回家，明知空無一人，我還是一次次大聲說：我回來了！

以前一踏進家門，只要我大喊我回來了，雖然工廠機械聲十分吵雜，爸爸忙碌中總會抬頭看我一眼說：「趕快去寫功課。」父母離異後，一切都變了。

接下來的安靜有點可怕，我趕忙到隔壁找小朋友玩，當天色漸漸暗下來，玩伴們的媽媽出來找他們回家吃晚飯，剩下我孤獨一人站在原地，看著大手拉小手漸漸走遠，我猛地轉頭望向自己那空蕩蕩的家，心裡有說不出的酸楚。

因為不快樂，讀高中時，我就加入童軍團帶領團康活動、接幼稚園迎新的主持工作，藉由大家的歡笑聲，彌補自己的心靈缺口。二〇〇四年有機會參加佛光山道場夏令營擔任小隊輔，二〇〇七年朋友向福山寺法師推薦我去當夏令營的活動長，覺居法師非常親切，佛光青年也很和善，配合度相當高。在道場，人與人之間自然的融合互動，真的很特別，一份久違了的家的溫馨感，在我心頭重新點燃。

因緣成熟加入佛光青年團，參與各種化世益人的活動，我深刻體會到集體創作的可貴，大師墨寶有一幅「有你真好」，人與人之間彼此互為助緣，多麼美好。我想自己能有一些服務奉獻、廣結善緣的機會，都是來自大眾的成就。

我是從眾中看到佛法的，在活動中，點點滴滴找回自己的佛性。有時候還是會生起貪瞋癡的心，待覺察了之後會問自己，現在的起心動念是習性還是佛性，如果不合乎佛性，那我就不再順著習性走了。

有一年春節在佛館看煙火，感動於這些贊助施放煙火的功德主，讓素不相識的人們能觀賞燦爛美麗的火花，璀璨的光束照亮夜空，也照亮了我的心，我淚流滿面。小時候那個回頭看著自己空蕩蕩家的悲傷記憶，在眼前的美麗光束照耀之下消失無蹤，心有大眾，就不會孤獨，幸福的我在佛光大家庭中，一直存有抖擻飽滿「我在眾中」的喜悅。

創造被利用的價值

余淑棻
良賢報關有限公司經理
普賢佛光童軍團總團長

小時候爸爸常帶我跟妹妹去岡山念佛會，大人在裡面念佛，一群小朋友就在外面玩耍，沒幾年搬家到高雄市區，學校課業沉重，再也沒有去到岡山念佛會。進入職場後，藉看武俠小說紓壓，小說裡常提到佛教武功高強的法師，我想爸爸是佛教徒，我們小孩應該對佛教要有基本認識。

於是我和三個妹妹就近到普賢寺參加都市佛學院，那時的都市佛學院都是前一晚掛單，參加共修法會後，隔天開始一整天行解並重的課程。自此機緣我全心投入佛法。

一九八八年我帶著二妹、三妹回

佛光山參加第一期的「短期出家修道會」，兩個妹妹體驗了九天淡泊清淨的出家生活後，毅然辭去公職就讀佛學院，決心出家修道。母親剛開始雖然不捨，後來看他們這條路走得歡喜自在，也就放心了。

我一九九二年擔任鹽埕分會組長，兩年後再召集成立青年分會，籌備階段以都市佛學院六位同學做班底，正式成立時會員增加為三十七人，記得那時候我們每週日到佛光山信眾部去報到，幫忙帶巡山導覽，希望藉此因緣能邀約更多年輕人加入分會，皇天不負苦心人，青年分會陣容愈發堅強，全盛時期達到一〇八人。那時全台灣有六個青年分會，一九九五年起舉辦的國際佛光青年大會師，我們週六晚間，搭飛機到台北參加會議。我們發出宣言，啟動無限創意、熱力，竭盡所能為佛教努力。

因為帶兒童班多年的緣由，二〇〇〇年中華佛光童軍團成立的時候，常住就派我帶隊到台北國父紀念館，參加佛光童軍團授旗成團儀式，那天場面非常浩大。緊接著我接受服務員基本訓練，行程非常緊湊，學員兩天兩夜沒有休息，真的是體力大考驗。結訓時，我擔心沒弄清楚童軍團教育內涵，辜負常住交代的任務，所以在現場又立刻報名下一期的培訓，我想常住願意交付我任務，是認為我堪用，所以一定要使命必達。

後來我又加入監獄布教及人間佛教宣講員的行列，我努力將星雲大師《人間萬事》的文章內化之後再到月例會、監所讀書會中分享。二〇〇八年曾代表佛光人接受法務部監所教化有功的表揚。

三十年來我本著「創造被利用的價值」的信念，服務兒童班、童軍團、青年團、佛光會，為人生開拓了無限的價值。

燈燈相續
光照大千

顏淑婷
旗津國小輔導主任退休
佛光會中華總會南區委員

早年接觸到一個宗教，提到所謂的五字真言，雖然能利益人但不可外傳，內心疑惑：「好東西為什麼不能跟好朋友分享？」話題在辦公室中熱烈討論。一位學佛的同事說，佛教認為，一支蠟燭把它分傳給很多支，第一支的光明不但不會減損，相反地更多蠟燭亮起來，整個空間會更加光明。我覺得很有道理，就跟這位同事到他親近的道場——佛光山普賢寺，非常歡喜得知佛光山提倡「四給」：給人信心、給人歡喜、給人希望、給人方便，慶幸自己找對了信仰。

因從事教職，起初在普賢寺協助

法師帶領兒童班。在旗津國小任教三十二年中，推行三好運動、環保教育，環境教育獲全市第一，生活教育全市第二名；積極關懷弱勢兒童，也投入外籍配偶生活輔導，提升新住民的信心，獲教育部頒獎。先後得過愛心教師、杏壇芬芳錄表揚。

一九九二年旗津海域常發生溺斃意外、新開的公路接連多起車禍，地方人士憂心忡忡，許多學佛師兄姐討論是否為旗津陸上、海上意外罹難人士啟建超薦佛事，透過佛光會與議員、里長到佛光山，請求啟建「梁皇法會」，從此開始了連續十一年的「旗津梁皇法會」。在海岸公園搭建法會壇場，第一年辦過之後，地方上的鄉親們都說很有靈感，意外事故減少了。

記得有一天在社區宣導勸募中，有一個慢跑運動的人經過，得知我們即將啟建法會，也想來贊助供花果，他身穿運動服，摸口袋找遍全身發現自己沒帶錢出來，最後好不容易摸到一塊錢，就問我說，一塊錢可以嗎？我回答他說：「可以啊，一塊錢一樣代表您誠懇的心意，一樣能跟與會的有緣眾生結下好緣。」

記得辦到第五年的時候，法會第二天我正在受理供花果登記，讀小學五年級的女兒跑來跟我說：「媽媽！好多人在看天上的蓮花朵朵開！」我走出帳篷，看到很多民眾聚集海灘指著天上白雲高呼：「好美的蓮花！」我走過去看到雲團變化成大金龍形狀，在傍晚西下的日光與彩霞映照下，那龍爪還鑲著金邊，接著出現一座巍峨壯麗宮殿，女兒在一旁喊道：「那是佛光山！」雲彩飄逸變化萬千，最後現出觀音菩薩立於蓮花台的瑞相。

因為梁皇法會的殊勝因緣，很多旗津人因此加入佛光會。一九九三年旗津分會成立。

我深深體會到佛法「光照大千」，不只人間，幽冥眾生也能悉蒙開曉。

同體共生

柯銘溉
福泰碼表有限公司董事長
佛光山慈悲基金會彰化區隊長

口腔癌手術後養病期間，人間衛視播出《百年虛雲》的電視劇，對我來說意義重大，因為看了電視劇，我就去蒐羅虛雲老和尚的相關書籍。一天捧讀《虛雲老和尚開示錄》，恍然大悟，我之前種種遭遇，是因果業力現前，不禁大聲喟嘆：「冤親債主找上門了，幸好我是佛光會長，有本錢可以還這因果債。」

我孝順父母、尊敬長上，與人往來也非常講信用道義，只可惜太慢接觸佛法，太慢了解因緣果報。

三十一歲時，我開設兩家釣魚場，賺了不少錢，有一天望見一次二百多支釣竿此起彼落，許多魚被鐵鉤釣上來，嘴部受傷，痛苦掙扎，那一幕讓我生起惻隱之心，於心不忍，趕緊將釣魚場收起來，但為時已晚，我已經傷害了許多魚類。

終於明白一九九四年被綁架，差點沒命；幾年後又罹患口腔癌，這一切都不是沒有原因的。幸好因緣際會加入佛光會，有六年的時間我們夫妻兩人在福山寺擔任攝影義工。我原是伸港分會的副會長，二〇一一年接下了會長的任務，元月宣誓就職，四月因為檢查出來有肝硬化，醫生說要趕快治療，但打干擾素的副作用類似化療，發燒、掉頭髮，那期間嘴巴一直破洞，我以為也是打干擾素的副作用，直到半年後，進一步檢查，才確診是口腔癌，醫生緊急安排手術，手術前，我拜託醫師，說明我是佛光會會長，常常主持會議，請設法讓我的顏面不要變成畸形臉。

之後歷經整整十七個小時的手術，感謝醫生除了幫我切除腫瘤，還割大腿肉來補臉部的缺損。開刀期間我太太在病房外持續不斷念佛，為我回向。他不敢讓我知道，醫師告訴他，癌細胞擴散到淋巴與骨頭，已經是末期。太太當下為我發願植福，那時佛光山舉辦的「佛祖巡境‧全民平安」行腳祈福活動，行腳托缽隊伍將經過彰化地區，他用我的名義行大布施，並發願未來夫妻一定全心護持佛法利益大眾。

我醒過來後問太太，醫生有沒有說我是第幾期，他說開完刀後就是拿乾淨了，就是好了，第幾期只是醫院的數字而已，不要在意。我接著問他，可不可以辭掉佛光會長，他跟我說，世間上任何事業都可以辭，只有向佛祖承諾的事不能推辭。我十一月動手術，十二月巡境行腳隊伍到和美、鹿港，我還很虛弱，但我堅持一定要親自去投缽供養，無論如何要向佛祖巡境致敬。

慶幸我聽他的話堅持了下來，感恩佛光山設立人間佛教道場，讓我能廣修福慧。在佛光會會長崗位上，佛光會所有弘法利生的活動，我都以比往年多出數倍的人力物力來投入，捐血救人活動一年舉辦四次，與督導們同心協力帶領二百位會員

參加禪淨共修祈福法會，創下分會新紀錄，會員人數也大幅提高。會務昌隆，彷佛象徵著我的生命力跟著愈發旺盛。常有人說當會長很辛苦，我覺得若把會長任務當成我們的家庭、事業來經營，就不會覺得困難。

回想當年「大台灣釣魚場」的規模與名氣，如今我能恢復健康，內心

非常清楚知道這是「重罪輕報」，生命誠可貴，深深體會星雲大師所開示的，這個宇宙本來就是「同體共生」的世界。

很多親友建議，病後要補充營養，要燉牛肉來吃，才能有足夠蛋白質。但我十七年前九二一大地震那年，就開始吃素了，當時聽到星雲大師開示說要為民祈福，我鼓勵員工吃素一個月響應，自己就此長期茹素，所以堅持不能開葷。「慈悲護生」的觀念，已經深植我心。數年來堅持每天誦經念佛，至少一個小時的定課，普願沉溺諸眾生，都能速往無量光佛剎。

現在已卸任會長，除了成為佛光會副督導長，感謝法師給我另一任務，承擔佛光山慈悲基金會彰化區友愛服務隊長，我又藉由多重義工工作，延續慧命服務眾生。

破銅爛鐵也能成鋼

黃景昱
佛光會高雄右昌二會會長

太太希望我參加「星雲模式的人間佛教」徵文比賽，三次拿書給我，我都不予理會。難道他不知道，我對佛光山反感嗎？附近圖書館二百本佛書，我幾乎都讀遍了，但只要是佛光山的出版品，我一定跳過不借。佛光山太入世，跟我不相契。

太太常到佛光山編藏處和寶華寺去做義工，看他每天法喜充滿，像似雀躍的美麗小姑娘，我很納悶，去佛門做義工怎會這麼快樂。有一天，看他在用功研讀《星雲模式的人間佛教》勤做筆記，心想奇怪！他很少看書，總是喜歡聽我分享讀書心得，這本書是什麼內容，讓他這麼認真。我終於偷翻一下，看其大綱，頓時著迷、驚歎不已。一翻閱即欲罷不能，讀完之後，知道自己所缺乏的元素與催化劑，從前太故步自封了，唯有走出去體驗人間，才能圓滿具足；佛法在世間、不離世間覺，我這個鄉野庶人差點走偏了路，之前空費了許多草鞋錢。滿義法師所撰述的《星雲模式的人間佛教》，掐頭去尾總共四百頁，別說一頁，我看連半頁，我這輩子也難達成。想到這裡，不禁悲從中來，過去對佛光山種種誤解實在罪過，看到太太走過來，竟然大聲哭泣，太太嚇了一跳，了解個中原由後，又為我感到歡喜慶幸，我也如他的願報名參加徵文比賽。

不過，沒多久，我的習氣又現前了。我們夫妻盼望能有個孩子，知道佛教有一位送子觀音，總期盼藉著太太在道場參加法會發心做義工的功德，能蒙感應，滿我倆求子的心願。二〇〇六年好不容易太太懷孕了，非常欣喜興奮，沒想到九週後，胎兒沒了心跳引產了，我大受刺激，開始批評她當義工有何功德？還記得那天下起大雨，太太哭著開車出去，我知道他去寶華寺找師父訴苦了，果然沒多久，我接到電話，太太語帶猶豫地說，師父說要送你四個字，他一字一字說：「貢、高、我、慢。」我心中一沉掛上電話，立刻衝去找師父。太太有點緊張，怕我衝動，其實她是多慮了，恭敬三寶的素養我還是具備的。

法師說近來佛光山舉辦朝山禮佛修持，您們可以前往參加，將功德回向給這個胎兒。於是我們邀約了九十六位師兄師姐一起朝山，在大雄寶殿回向時，我們夫妻不約而同許下共同的心願「今生不再刻意求子」，胎兒引產的打擊太大。我們深切體會到了何謂天下父母心，父母親恩浩瀚，比天高比海深。

兩年後的新春，寶華寺法師特地送來大師墨寶春聯「子德芬芳 眾緣和諧」，鼓勵我們。淑慧大受感動，虔誠發願：我們夫妻必定敦睦倫常，孝親敬長，以求具足佛緣之子。沒多久，我們果然喜獲麟兒。孩子從兩歲多開始，就跟我們一起在佛門做義工。

當初我看了那麼多佛書，有一天赫然醒覺，經典中提到的在家優婆塞、優婆夷應修的淨行、大乘行，太太都已如是修如是行，而我這個善說大道理的說書人，僅止於坐而言。「聞思修，入三摩地」，自己欠缺的就是如實善修行，得趕緊進入佛光會這個甘露門，為自己實踐菩薩道踏出第一步。擔任佛光會副會長後，我曾自許就當十年的副會長吧，孩子還小，自己尚有許多不足。沒想到，二〇一二年參加人間佛教讀書會在佛光山福慧家園舉辦的「帶領人研習交流」，法師有一堂課示範幾句佛光法語也能成為閱讀材料，當我從籤筒抽出「破銅爛鐵也能成鋼」時，整個人愣住，短短一句話給我大大的啟示。從此不再推辭、直下承擔了會長任務，太太成為我的祕書。

太太是我的善知識，這三年來，我稱呼他「王祕書」，而兒子呢，是我們分會各項活動全勤獎得主喔！

讀做一個人 讀明一點理
讀悟一些緣 讀懂一顆心

陳秋雪
佛光會台東菩提二會督導

剛開始，我都是求佛，有人告訴我說要「學佛」，這真不容易，我到處尋覓佛教寺院教我怎麼「學做佛」。

第一次聽法師開示是在台東禪淨中心，依智法師慈悲、音聲柔和，講說內容也很有道理，我全程合掌聆聽，法會結束後，法師特地關照我說，可以不用合掌。初學佛，我很想深入經藏，到圖書館看到一百冊的佛教大藏經，很驚訝，哇！這麼大部。我取下一冊翻閱，密密麻麻的字，也看不懂文義，迫不及待請教法師「該如何深入經藏」，法師說先從共修法會入門。

我固定去共修，誦經聽開示，慢慢懂了一點佛法，後來常住開辦夏令營，我把女兒找來當小隊輔。除了擔任香燈組，法師也讓我每週到成功佛光緣、池上佛光緣協助布教工作。二十五年前我家開超市，我能全心投入義工工作，完全是來自先生的體諒、成就。

十幾年前人間佛教讀書會成立，當我聽到「讀做一個人、讀明一點理、讀悟一些緣、讀懂一顆心」，好似一道明光照亮心田，立即傾心奉為至理名言，對呀！要透過讀書來學做人，所以自告奮勇帶領兩個讀書會二十五人閱讀，小女兒常幫我打字、影印教材。在讀書會不但圓滿了我想要深入經藏的願望，我也將帶大家讀經的功德回向給我小女兒，希望他身體健康。我們讀書會主要閱讀淨土宗經典《佛說阿彌陀經》、《觀無量壽經》、《無量壽經》、《佛說大乘無量壽莊嚴清淨平等覺經》。

我們讀書會中有好幾位老菩薩，讀了經典之後一心念佛，虔修十六觀門，往生時皆現瑞相。張修文老居士八十歲還拿鋤頭下田，參加讀書會十幾年，一直到一百零一歲才停課，他每天念佛號超過五萬聲，早上醒來一張開眼睛就是念佛，健康長壽，活到一百零四歲。聰妹師姐是坐著往生的，飯菜擺桌上，筷子還沒拿起來就往生了，人坐著好像睡著了，面容非常安詳。另一位海妹師姐也是坐著往生的。他們三位都沒有病痛，往生後十幾個小時，身體都還很柔軟。

感謝有讀書會，讓我們彼此激勵要精進，具足信願行淨土資糧。我學佛從參加共修法會開始，接著當佛門義工、承擔佛光會長任務、協助法師弘法布教、一直到帶領讀書會專研淨土宗經典。可以說我在人間佛教的淨土世界，廣修善法，從學佛到行佛，深深體會到擁有殊勝的功德法財，才是真正的富貴人生。

當勤精進　但念無常

王培義
曾任國防部汽車大隊副大隊長
佛光會中華總會行政組

我常跟朋友說，如果我們公務員都能像佛光山法師一樣，日夜不息為眾服務，國家一定強盛。加入佛光會後，我到台北道場參加抄經班，有一天抄寫的是〈普賢菩薩警眾偈〉：「是日已過，命亦隨滅，如少水魚，斯有何樂？大眾，當勤精進，如救頭燃，但念無常，慎勿放逸。」這段經文如晨鐘般敲進我的心頭。是呀！是日已過，命亦隨減，我得好好把握每一天。公職退休後在分會推薦下，到了佛光會中華總會行政組。

一進來就發覺辦公室文化完全不同，從前服務公職，一般來說公務人員下班時間一到，電話就不接了，午餐時段，辦公室就空無一人。而佛光會法師為了傳播佛法，日以繼夜全心投入，工作態度極其認真。受到這樣的精神感召，我告訴自己一定要跟上佛光脈動。二十年來，與許多法師共事，覺得佛光山法師最大的特點就是「真誠」。也跟後來加入團隊的王主祕說，我們能做就盡量做，我們做義工的，要學法師，義無反顧。

學佛也影響了捐血的願心。我從十八歲開始捐血，到二〇一六年三月二十二日止，三十八年來進行捐血分離術已達九百一十九次，多次獲得表揚。學佛之後，我捐血的心境也有所改變，捐血留下的針孔疤痕，就當作是我受菩薩戒的戒疤。

普賢菩薩警眾「當勤精進」，我積極創造自己被利用的價值，貢獻所長，主要是文書處理、公文寫作、檔案管理。最感榮耀的是幫佛光人向政府單位提報獎項，許多善行受到高度肯定，我們幕後工作人員也與有榮焉。

很有福報，我加入攝影義工行列，用筆、用相機，為佛教留下歷史。

同時擔任山水讀書會帶領人，與讀書會友們置身雲煙繚繞的山野，所有身心的疲憊都會一一抖落，通身舒暢。最難忘的是登上玉山頂的時候，漫步雲端，天光異彩，夥伴們興奮不已，早晨七點打電話報平安：「覺培法師！我們現在平安抵達東北亞最高處。」

一路走來，未曾錯過任何美麗風景，我正努力攀登人生最高頂峰——成為佛門終身義工。

王培義（左二）與讀書會成員玉山攻頂

人生無常

陳米秀
佛光會高雄普賢分會督導

我出生於高雄，父母都有學佛，但我沒有想要修學佛法，總覺得時機未到。媽媽依止烏日善光寺老法師，法師特別交代我，要找到一個正信道場讀書，了解經義。

法師的叮嚀我謹記在心，有一天跟一個學佛的客戶聊起來，他說佛光山普賢寺剛建好，你可以去看看。到了普賢寺十一樓，還在裝潢中，而都市佛學院招生就已經開跑了。

一九八四年創立的都市佛學院，是全台第一所成立都市佛學院的寺院。師資陣容非常堅強，佛光山法師威儀莊嚴、學養深厚、精進修持，我真的是大開眼界。有一次心定和尚在課程中，剖析人生的無常，我當下心中驚悚不已。回想起高中畢業時姐夫突然去世，二十二歲時小妹往生，我曾經悲傷難抑，往事歷歷，不都是人生無常的警鐘嗎？當下決定邀約姐姐、堂姐一同皈依三寶。媽媽覺得很欣慰，他終於有了信仰傳承。

媽媽的好姐妹蘇陳秀琴，無論老少都稱呼他「六姐」，常到我家勸募佛光山慈悲基金會功德，父母親覺得六姐很辛苦，希望我能幫忙，我就跟著他投入「回歸佛陀時代」、「行腳托鉢」等活動。我本來很孤僻，出去旅行都是自己獨來獨往，覺得配合別人很麻煩。加入佛光會後，個性真是一百八十度翻轉，愈來愈感覺到在眾中，跟著老菩薩學習發心布施、護法護教，真是一件美好的事。

一九九七年佛光會舉辦「慈悲愛心人列車」運動，以街頭布教方式，在台灣各鄉鎮巡迴宣導「心靈淨化、道德重整、找回良知、安定社會」的宗旨。我是會長必須以身作則，打電話給熱心的郭憲明副會長，我問他：「敢不敢？」他回答：「你敢我就敢。」穿上佛光會設計的獨特服裝，背後插上「慈悲愛心人」口號的四支旗幟，我們走進人潮聚集之地，舉起大聲公呼喊口號，還跟余淑棻創編順口溜：「樓頂招樓腳，阿母招阿爸……」一旁有一位記者聽到了，問我們：「這個順口溜很有趣，可以提供給我寫入新聞報導嗎？」沒想到我生平最偉大的壯舉還能夠成為吸睛的題材。

一個月後，共有八萬名慈悲愛心人在台北中正紀念堂大會師，相信大家以實際行動發揮慈悲愛心，就能蔚成社會善良風氣，真高興，這「眾中有我」。

學佛之後，我不再害怕人生無常，星雲大師說：「『無常』的定義是好的會變壞，壞的會變好，所以無常也能帶給我們無窮的希望，讓我們懂得珍惜美好的，改善不好的。」我從個性孤僻轉為合群積極，善加利用有限的人生創造了無限的價值，不也是拜無常所賜嗎！

給人方便

利秋枝
7-ELEVEN 台東區欣功門市加盟主
佛光會台東成功分會會長

「請問你們佛光山做了什麼？」好幾次我看了其他宗教台的節目之後，就會跟好友問這個問題，好友是佛光山的信徒。有一天，他建議：「乾脆你到佛光山短期出家，就一切都明白了。」我聽從他的建議上山，跟幾百位戒子接受震撼教育，聽經聞法、參禪作務、梵唄習唱，行解並重的課程加上清雅和諧的海潮音，重重淨光洗滌。捨戒出堂的時候，知道自己已經註冊幼幼班，開啟了佛光緣。

看到山上人才濟濟，能文能武、能動能靜，也認識了佛光山在文化、教育、慈善、共修的全方位弘法。

從此不再追問那個「無聊」的問題。

我在成功鎮開的 7-ELEVEN，是花東外圍地區第一家便利商店，因為請不到大夜班的員工，我自己要值大夜班，所以最常跟社團的朋友講的一句話就是：「我真的很忙！」有一次因緣際會到日光寺參加八關齋戒，回程時順道載了幾位老菩薩，其中一位李新子師姐問我：「加入佛光會了沒有？」我的答覆還是那句老話「我真的很忙！」

之後這位師姐就常到我店裡「逛逛」，看他這麼熱心，我勉為其難填了佛光會入會卡，還一再跟他交代：「我真的很忙！沒有時間參加活動。」每週他都會來跟我分享佛光會又有什麼活動，我提醒他：「我真的很忙！」他說沒關係，因為他是小組長，所以有義務告訴我活動訊息。

短期出家的因緣加上小組長的鍥而不捨，八年來佛光人「四給」的精神已深植我心。長濱鄉離成功鎮三十公里，距離台東市九十公里。兩年前長濱的 7-ELEVEN 新店長要受訓，統一超商跟我商量，讓我為這個年輕店長培訓。因為到成功鎮來很近，如果去到台東市總部培訓，他每天要花三小時來回長濱與台東市一百八十公里，為期半年。雖然「我真的很忙！」還是答應為這個年輕人培訓，身為佛光人，要「給人方便」，我心想如果拒絕幫忙，會愧對星雲大師。

看到雲水浴佛，佛光人走遍成功鎮大街小巷，挨家挨戶邀請鄉親、在浴佛車旁引導浴佛。我想自己才四十幾歲應該出點力，就去幫忙發壽桃。幾次 7-ELEVEN 與成功佛光會合辦捐血活動，成效非常好，佛光人熱心公益的形象給了我很大啟發。

在成功二十幾年，鄉親們都對我很照顧，我也應該對地方社區有所回饋。「回饋鄉親」與「開店賺錢」之間，很難以取捨。最後毅然將店盤讓出去，在二〇一五年初接下成功分會長職務。現在的我仍然很忙，不過是為利益大眾而忙，忙得歡喜、忙得有意義。感謝先生不但支持我的決定，還建議買一部貨車，他說以後分會辦雲水浴佛的時候，就不用再到處借貨車了。

我身邊有很多貴人，先生是我的貴人，希望未來我也可以成為大眾的貴人。

7-ELEVEN
社區好鄰居
OPEN好生活
7-ELEVEN

捨得

陳德福
國立台東大學附屬體育高中場地設施管理員
台東日光寺雲水書車海鷗叔叔

我講一件趣事，今年年初帶著太太回旗山老家，在附近麵攤點了兩碗麵跟一盤小菜，老闆忙得不得了，我們叫的小菜一直沒送來；我三度走到他身旁提醒：「老闆！我們的豆芽菜還沒送到喔！」最後老闆可能想起來我真的等很久了，轉過頭認真對我說：「先生，你好慈悲喔！」

太太說真是前所未聞，竟然會有人說我慈悲！我是個職業軍人，大半輩子待在空軍指揮部，每天板著臉孔，嚴肅得不得了，最常講的一句話就是：「我說了算！」這句話我太太聽了三十幾年。直到進到日光寺，個性與處事的態度都轉為親和，太太覺得很驚喜，最近還帶著媳婦一起來做義工。

我到日光寺是因為聽錯一句話。兩年前一個熟識的高中老師告訴我說日光寺「書車」缺人，我將書車錯聽成「租車」，覺得開九人座車載客人是一種新體驗。日光寺距離我家「二百五十步」，就在隔壁，但我十三年來沒踏進過。那天進去，看不是九人座車，我回頭就想走人，王永季督導跟我說，你開看看嘛，說不定很順手的。我開著繞了一圈，可以啊！隔天我們就上路了，穿著白衣出門，回程時低頭看變成一身黑衣，我笑開了；被一群小朋友雙手擁抱的滋味真棒，雖然他們的小手沾滿了泥巴。我愛上這個工作了，我是海鷗叔叔。

我開始學兒歌，練習說故事、學變魔術，小朋友帶給我歡喜，聽到他們喊我海鷗叔叔，我愈發認真想為他們盡心。星雲大師說「捨得」，你捨了，得就跟著來了。

大師期許滿載圖書的行動書車如飛鳥展翅進到社區、學校，方便學生民眾就近看書、借書，希望藉由閱讀提升生活及改變生命。有一次去新武國小的路上，我在中途一座涼亭遇到三位教授，他們看到這部車很特別，跟我聊了起來，我說明大師嘉惠偏鄉學校的理念，他們都連聲讚歎，我感到與有榮焉。書車帶來許多善緣，泰源國小的校外參訪活動，特別安排到佛館去。我每到一所學校，就拜託校長將老師們請出來，禮貌告訴老師：「書車也為您們準備了很好的書，可以作為您們教學的教材。」接著一一指出哪本書在哪個位置，大致的內容是什麼，老師們對書車就更感興趣了。我們共同規劃一學期推動閱讀的方案，例如「大手牽小手」，六年級配一年級，五年級配二年級，小的借了要朗讀、大的要說心得，最重要的每個小朋友都要懂得三好運動。泰源國小一年級小孩每次排隊輪流發表心得，校長聽了都感到很欣慰，全校師生打成一片，老師看書講心得也有獎品，皆大歡喜。

我以前軍中的部屬得知我當了書車的海鷗叔叔，都說跌破眼鏡，很難想像我怎麼跟小朋友輕聲細語講話。他們驚訝之餘也讚歎我，為了表示支持，常從台北寄來布偶與運動服，讓我送給小朋友。

我本來是個硬漢，不知道為什麼進了佛門，心腸變柔軟了。幾次法會唱到「龍華三會願相逢」，我的眼淚就止不住，又怕人看見。有一次香燈組長慈悲跟我說：「沒關係！海鷗叔叔，您到外面哭完再進來。」去年讀完星雲大師的《貧僧有話要說》，思潮澎湃，我在雲水書車單位，非常了解星雲大師以無私無我精神奉獻社會的慈心悲願，立刻提筆寫了一篇回響。我去年皈依受戒也加入佛光會，因為敬佩佛光人服務奉獻的精神。

剛加入雲水書車時，有一天問日光寺法師，一趟路又遠，有時候還會遇到落石，偏鄉小學有的全校才幾十個學生，這投資成本太高了吧！法師回答說：「一百個孩子當中只要有一個成才，一切就都值得了。」我聽了心頭一熱，肅然起敬。有一回到永豐國小，那天下大雨，馬路正在施工，七、八輛大卡車、水泥預拌車、怪手擋住路中央，主事者看到這部雲水書車，過來問我，了解雲水書車的使命之後，就指揮所有工程車輛往邊靠、停工讓雲水書車通過，我通過的時候，工程人員舉手向書車敬禮。那一幕我永生難忘。

布施功德不可思議

陳美玉
紅葉小客車租賃有限公司負責人
佛光會花蓮瑞穗分會督導

加入佛光會後，有一次回佛光山參加幹部講習，聆聽星雲大師開示提到財富如何處理，他說十分之四經營事業，十分之三用於家庭生活，十分之二儲蓄應需，十分之一做福功德。我聽了覺得很有道理，心想貸款可以慢慢還，行善要即時，應該要將收入的十分之一用來布施。二十三年來我遵循大師的開示，本著無所求的心情，將每月收入十分之一用來布施。

後來發現布施功德不可思議，我經營的租車公司，客戶租車發生事故的機率愈來愈少，營運愈來愈順利。我去買地建屋，地主跟我很有緣，別人一坪一萬六千跟他買，他不願意，偏要一萬五千賣給我，成交了之後，隔年漲到一坪二萬五千，兩年後我要蓋的時候行情又漲到三萬五千。我想這個就是布施帶來的好因好緣。

先生是公務員，要奉養父母與養父，一個月薪水只能家用。三十幾年前我剛結婚滿月就拿起剪刀到布店找工作，後來開了家庭裁縫店，做了十年，覺得工作太忙無法照顧到孩子。當時女兒在曹媽媽開的鴻德醫院就醫，在等車的站牌前，高中同學開租車公司。同學邀我跟他做連鎖，於是二十五年前我就開了瑞穗第一家租車公司。

我大女兒小時候身體不好，我想用他的名義做一些善事來積福。有一天晚上作夢，夢到自己在溪邊洗衣服，一個人走過來向我招手，說要來我家，我回答他：「我又不認識你，你來我家做什麼？」他接著說：「我是觀世音菩薩。」我醒來後覺得不妥，我怎麼對觀音菩薩這麼沒禮貌。打電話告訴同修大姐，姐姐教我朝天，奉請菩薩。說來真是巧合，當天晚上就有一個朋友送我一尊小佛像，我以為那就是觀世音菩薩，剛好買了部新車，就將小佛像安置在新車的駕駛座前方，這輛車成了賺錢的招財車。朋友告訴我，那尊佛像是阿彌陀佛，是觀世音菩薩的老師。多年後我回佛光山參加水陸法會，看到大悲殿供奉的那尊白衣大士，大吃一驚，感動得全身毛孔直豎，眼淚不停流下來，他就是我多年前夢到的觀世音菩薩。

一九九一年曹媽媽約我加入玉里佛光會。兩年後瑞穗分會成立，第一任第二任的祕書由我代理，我常常早上四點起床趕做會訊，做好之後再挨家挨戶送到會員家。一九九九年發生九二一大地震，我募集了一百多萬賑災，佛光大學籌建期間，我也招募二百人加入興學委員。

我現在已不只拿收入的十分之一去布施了，我覺得生活夠用就好了。佛光山以文化、教育、慈善、共修四大宗旨弘法，廣開法門接引十方大眾，所以佛光山道場的萬緣建寺，我必定共襄盛舉參與建寺功德。

忙就是營養

施仁興
花蓮縣衛生局局長退休
花蓮佛光童軍團主任委員

在我人生最艱難、最痛苦的時候，是佛光山水陸法會救了我。那時正處於人生谷底，內壇莊嚴殊勝、清淨無染，如頓開的天光帶給我希望，引領我走向更豐美的人生。

太太在月光寺做義工，我二〇〇六年也成為花蓮佛光童軍團的主委，幸好與佛光山結緣得早。在逆境中跌跤的時候，月光寺法師不但將我帶到佛光山參加水陸法會，又擔心我無法長時間跪拜，就拜託都監院法師安排我每天兩小時開接駁車做交通組義工。法會中讀誦的經文，文詞優美、意義深遠，尤其是燄口召請文：「五陵才俊，百郡賢良，三年清節為官，一片丹心報主」映入眼簾，我大為震動，聽著悠揚婉轉梵唄，聲聲入耳顫動心弦，不禁眼眶濕潤。父親為我職場受創感到憂心，我安慰他說，水陸法會的莊嚴攝受我心，幫助我將痛徹心扉的往事轉化昇華。

我個性剛正不阿，對自己對別人都要求太高，曾讓五十幾歲的部屬罰站，只因他們開會遲到。二〇〇三年 SARS 風暴來襲時，各縣市衛生局長承受了莫大的壓力，面對 SARS 衝擊，自填「台灣人憂鬱症量表」的衛生局長中，我有相當程度的憂鬱，即是因為我對業務要求極高，因而給自己的壓力過大。我太太常說，我的完美主義，也讓家人備感壓力。我退休時，同事跟我太太開玩笑：「羅姐！局長退休了，回家會不會在菜單上批『可』或『不可』？」

退休時覺得像從滾滾亂流漩渦中抽離，我轉換航道破冰而行，最後順著支流到了一個「清風徐來，水波不興」的處所，雖是休養生息的好地方，但我知道那並非我生命中的桃花源。我努力調整生活步調，改變太嚴肅過分挑剔的個性。朋友，如果您看到四年後，在月光寺樹下，五歲稚齡童軍趴在我肩上睡覺，還有我帶著二十幾個童軍小朋友到麥當勞大啖冰淇淋，或前進清澈溪流溯溪，一定會為我感到高興。對的，佛法撫慰了我受創的心靈，並接引我創造了為大眾服務的桃花源、書寫另類杏壇芬芳錄。常常忙著策劃月光寺兒童夏令營、雲水書車的運作，引領花蓮佛光童軍的團集會，星雲大師揭櫫的「忙就是營養」非常有道理。

永遠記得二〇一二年十一月二日那一天，五十部「雲水書車」在佛光山大雄寶殿成佛大道上的灑淨啟動，我們浩浩蕩蕩啟程北上。十一月九日於台北大佳河濱公園舉行授旗啟動典禮，與十一月十一日東線的花蓮啟動典禮，四通八達將知識送到偏遠地區。

以前的長官看到我在佛陀紀念館擔任義工，都為我感到歡喜。站在佛館制高處遠眺，想到星雲大師的高瞻遠矚，我立定腳跟、堅定信念，絕不辜負星雲大師將書香散播人間的期許，終身護持佛光山以文化教育弘揚佛法的千秋大業。

遇緣則有師

徐孟玲
曾任高雄縣林園鄉農會四健會指導專員
台灣電視公司節目部企劃助理

「徐孟玲，不要急！不要急！」

在佛光會活動中當我感覺快要急起來的時候，就會輕聲喊自己名字，自我提醒觀照念頭。大學時代就曾加入佛學社團，當時親近的寺院以靜修禪坐為主。來到花蓮，四年前加入佛光會，藉由參與各種活動，察覺到動中禪更深具內涵。

我跟先生都愛靜，五年前計畫舉家搬遷到寧靜鄉野間，讓孩子在大自然中快樂成長，憑直覺選中花蓮。幾次來看地，都住民宿，鳳山講堂的佛光會長熱心聯絡月光寺，協助我們掛單。第二次來掛單適逢法會。先生參加法會，覺得頗相應，遇到花蓮第二分會督導陳育璋，非常熱心招呼我們一家。

在花蓮定居後，陳督導一直想邀我們夫妻加入佛光會，讚歎說我們氣質看起來與眾不同，他常來造訪，有一次還送來入會卡，我們考慮了整整三個月。他帶來海報介紹花二分會所舉辦的善美活動，我們夫妻認為學佛不一定要加入任何團體，而且我們愛靜，所以都不動心。直到有一天，他看到我們家中許多藏書，問我可不可以來幫忙帶領花二讀書會，講到閱讀，我的興致就來了，我回答他：無所謂帶不帶的，我們大家一起來成就吧！他很高興。後來我思量帶領讀書會卻沒有加入佛光會，好像怪怪的，所以跟先生一起填了入會卡。現在回想起來，真的很感謝督導當初鍥而不捨的苦心。

我們帶讀書會要有一個核心，活動也要有一個聚焦的點。我很贊成以活動來淨化人心。我深刻感覺到假設沒有活動，你只停留在思考的階段，當中好像少了一點什麼。有人跟我說，人們缺少某種悟性，可能在紛紛擾擾活動中，心中有許多情緒起伏，可能一個善美的活動過了，他也就淡忘了。但我覺得一個人不會這麼不堪，雖然我們在活動當下會忙、亂，不代表這不會帶進他心裡改變他日後的觀念、行為。只要參與了，善美烙印在心田，就會產生潛移默化的作用。

我在活動中，察覺到以前自己學佛觀照不到的，領悟到如果沒有借境練心，就好像一直在山中枯坐一樣。當境界現前，語氣稍急了的時候，我就會自我提醒「徐孟玲，不要急！不要急！」愈急的時候，愈要學著去按捺，如果沒有活動，我怎麼有因緣看到自己、學習按捺。

二〇一一年月光寺舉辦甘露灌頂皈依三寶典禮，由星雲大師主持。看著大師沉靜安詳的威儀行止、感受到他的慈悲開闊胸懷，我感動流淚，恍然明白，我們路遠迢迢從高雄來到這裡，原來就是為了這份殊勝因緣——親近佛光山、加入佛光會。讀了師父很多著作，進一步了解他老人家的超然境界，他認真看待每一件事，努力盡心去做，對結果則雲淡風輕自然隨緣。非常敬佩星雲大師動中顯禪的功夫，禪不只是靜、不只是閱讀、不只是坐，忙起活動，如果內在還能保有一顆覺醒的心，那是動中禪。

在佛光會中修動中禪，我更貼切印證了「遇緣則有師」的道理。

錢 用了才是自己的

柳俊生
寶昌食品批發董事長
中華傳統宗教總會南區總幹事

好奇心驅使，走向那個書架，拿起原本看都不看一眼的「書」，一翻開嚇了一跳，跟我想像中的宗教書籍完全不同。日影推移，翻書的唰唰聲伴著我回到從前，青年時期的理想抱負，在歲月的沖刷下早已不見蹤影，更談不上實現。眼前字裡行間呈現的竟然是我自小嚮往的大同世界觀，作者星雲大師溫厚睿智的人文關懷躍然紙上。這些書叫做「佛光小叢書」。

以前太太只要說要出門參加佛光會活動，我就板起面孔表示不悅，心裡想：「又要去拜拜了。」她出門了，我又要顧店又要送貨。她回家想跟我分享佛光會活動，我不想聽，只想問她：到底是賺錢重要還是佛光會重要？

李翠森當上會長後，常來我家跟太太在廚房研究素食料理，她們兩人對烹飪都很有興趣。有一天會長跟我說：「俊生師兄，您店裡能不能夠讓我們放一些《佛光小叢書》？是免費贈閱的，客人如果喜歡可以帶走。」我隨口答應了。之後長達半年，聽著客人稱讚這些書，看著佛光會的人來來去去「補貨」，一天下午店裡剛好沒客人，我好奇心起，信手從書架上抽出一本來看。自此連繫上了我的佛光緣。

太太幾次託我載義工回佛光山，我也跟著大夥一起出坡，「佛祖巡境全民平安」全省行腳托缽祈福活動，我發揮義警的專業，擔任交通指揮。做義工做出了心得，後來我就成了大家口中的「金剛師兄」。

翠森會長要卸任的時候帶幹部參加「佛光會菁英幹部培訓」，精采課程激勵我立志，要同時兼顧事業、道業與學業，幾個月後毅然接下會長任務。幸好學佛了，懂得「道業」的重要，要不然像我以前一心只掛念「賺錢」，都沒有修福修慧，恐怕來生要到三善道的機會很渺茫。以前自認是一個好先生、好爸爸、好老闆，學佛後更能本著一份真誠心來扮演不同角色。公司員工知道我忙於佛光會各項淨化人心活動，上上下下凝聚力更強了，在工作上更能自動自發，讓我沒有後顧之憂。

現在跟會員一起做義工、在讀書會中共讀經典，覺得很快樂。我以前拚命工作，老是覺得賺的錢不夠用，總是煩惱。聽了大師法語「錢，用了才是自己的」，得到深刻啟發，不再掛礙照顧公司業務的時間不夠用，告訴自己，要走入人間佛教賺福德、賺人緣。努力克服自己內向、靦腆的性格，勇敢報名「人間佛教宣講員」，記得二〇一四年第一次在嘉義會館參加選拔考核，我緊張得手心冒汗、胃部痙攣；之後愈戰愈勇，不但加入監獄布教師行列，也成為中華傳統宗教總會南區總幹事。

二〇一六年禪淨共修祈福法會，我們分會號召了三百三十五人前往高雄巨蛋共襄盛舉。看著壯觀的萬人點燈，內心澎湃感動。祈願萬人皆以此施燈功德，得身無病苦、眼目明亮、相好光明等無量功德。萬盞燈亮起來，大眾同心回向世界更美好、社會安和樂利，壯觀殊勝光明場面，映照在眼界、心田，當下，我深深體會到了擁有法財才是真正的富貴人。

佛法生活化 生活佛法化

林雪蘭
屏東縣萬巒地區農會信用部主任退休
佛光會中華總會南區協會委員

我在農會工作了三十幾年，每當生氣時，同事就會提醒我：「你學佛的人怎麼這麼容易生氣？」我覺得很無奈，我容易衝動、天生一副得理不饒人的脾氣，想改卻改不過來。

因為二哥往生的佛事接觸佛寺，進而加入佛光會。同事都知道我學佛，因為佛光會會務很忙，而且每年年初我都會邀大家一起點光明燈。有一次開車載主管與兩個同事出門辦事，在車上談起公務，主管對我提出不合規章的要求，我非常生氣，立刻將車停在路邊，請主管下車，同事們都覺得非常驚訝尷尬。隔天我就接到通知，我被調職了，在這個非常時刻，我想到星雲大師常提示的「佛法生活化，生活佛法化」，我一定要將佛法應用在生活中，面對這一個逆增上緣，安慰自己這也是調伏自己的好機會。

我特地到主管府上拜訪，主管告訴我說：你很有能力，可是脾氣太壞。我靜靜地聽，然後跟他誠懇道謝「非常感謝您」。他很驚訝，因為我冷靜、有禮的表現跟平常很不一樣。

我反省自己，雖然是站在一個理字上，堅持不做違規的事，但可以「理直氣和」來應對，很高興那天我學會了，也做到了。從此，我待人處事上有很大的提升進步。

這樣的經驗對我後來接棒潮州一會會長，可說是絕佳的職前訓練。有一次法師在佛光會幹部會議上，對所有會長耳提面命：「會長身繫會員的慧命，請大家要全力以赴。」這句話我謹記在心。

一九九五年佛光山舉辦「世界佛教會考」，剛開始我們分會很猶豫，不知該如何踏進校園推廣。會服一穿，好似有了加持力量，辦法想出來了，先以同是客家人的校長們作為優先拜訪對象。幸好題庫設計得非常好，我們強調佛學會考乃以充實生活內涵、淨化社會人心、提升品德教育為訴求，才獲得校長們的認同、好評。那一年我們共同成就了潮州地區一萬多個學生參加佛學會考，主辦單位別出心裁印製了青少年漫畫題庫，許多小學生因此植下菩提種子。我跟小學生很有緣，我在家附近的國民小學擔任交通導護志工也已經有二十年了。

有一回參加朋友聚會，在場多位賓客問我：「你是不是有學佛，感覺氣質很溫和。」我聽了很高興，因為學佛常保歡喜心、慈悲念，我的面相、氣質已有所改變。

老二哲學

黃瓊霞
國立屏東科技大學輔導員退休
佛光會中華總會南區協會委員

說起來「櫻櫻美黛子」（台語「閒閒沒事做」的諧音）這個名詞，怎麼樣也不可能跟「佛光會長」這個職務連在一起。我當會長的時候，的確就有幹部這樣問過我，因為他們從來沒見過當佛光會長還能這麼輕鬆自在。

一九九〇年我到佛光山受五戒，正授典禮過後，法師宣布佛光山即將創立佛光會組織，我立刻舉手表示願意加入這個意義重大的人民團體。回到鳳山後，就到布教所共修。隔年中華佛光協會成立，接下來的二十幾年間擔任過組長、祕書、會長、督導、督導長，認識很多會員，執行過許多義工任務，學習資歷算是很完整。也因為在佛光會中浸潤久了，懂得如何掌握時間、空間及廣結人緣，與義工群更是情誼深厚、默契十足。

接棒當會長的時候，我秉持著充分授權、分層負責的原則，各項活動幕前幕後的菩薩義工，總能集體創作合作無間完成任務。雖然擔任督導期間，我常忙到凌晨才休息，只是因為習慣笑臉迎人，輕聲講話，給人一種閒適安然的感覺，所以才會擁有佛光會中絕無僅有的「櫻櫻美黛子」的稱號。

我是金門人，曾任金門高職農藝科教職五年。隨夫婿回台灣本島，報考公職錄取後，曾任職於公立育幼院，又先後擔任過屏東科大教務長祕書、屏科大輔導中心輔導員。記得在屏科大服務期間，每年的考績都是甲等，我覺得很不敢當，有一年還拜託主管給我乙等，最後我收到考績通知書還是甲等。

曾有同事問我，為什麼我在學校人緣那麼好，我說：「因為星雲大師有教我們『老二哲學』。」大師說想展現成功人生，先從「老二」做起，不強出頭，隨緣隨分。所以我從不爭功，無論何事都是先讚美主管及周邊的人，自然而然就能廣結善緣。其實，還有一層原因，讓我喜歡當老二；我曾與鳳山講堂環保組的會員在回收場相遇，她面前有好多便當盒，四周瀰漫著一股臭酸味，我問她是不是有人便當沒吃完，剩菜都發酸變質了。她一邊忙著手上的工作，一邊和我交談：「是呀！我們可以忍耐，回收慢慢處理，能多收入一塊錢，我們就多一塊錢可以建寺。」

我聽了非常感動，大師告訴我們：「如果能在服務奉獻當中成就他人，在努力工作中實現自我，那麼不管現在或將來是否能當上別人的『老大』，至少你已經做了自己的主人。」我想這些默默耕耘的環保義工，為了建寺，啟建成就更多人聽經聞法的殿堂，對周遭瀰漫的臭味，不起分別，毫不介意，直率地捨略了旁枝末節，進入了「以眾為我」境界。那個回收場景，是一幅《心經》「無色聲香味觸法」的寫照，他們是一群般若菩薩，不為六塵所惑，於是成為了自己的主人。

在佛光世界裡，還有許許多多這樣的般若菩薩，當然我就更樂於貫徹我的「老二哲學」了。

法輪常轉

莊美昭
能率實業有限公司負責人
人間社特約攝影記者

我可能既是「長跑好手」同時也是「短跑健將」喔！回顧十年來的攝影義工歲月，發現自己長跑過佛光山幾百場法會活動，為把握許多稍縱即逝的經典畫面，無形中也具備了百米衝刺的爆發力。參與過無數精采絕倫的「菩提運動會」，最大的收穫就是取得了「大轉法輪」的異象。

多年前佛光會員在法會現場拍到白色霧狀小光圈，他們稱那叫「法輪」。我調侃說，要拍那個容易得很，我拿傻瓜相機在我家浴室就可以拍到。因為傻瓜相機都是雙眼，取景和底片曝光的鏡頭是分開的，視差大，再加上閃光燈打在水氣上或現場有光源，反射出來就是這個效果。沒想到，當年的禪淨密三修法會上，我自己也拍到滿室的「法輪」，當下有點自打嘴巴的感覺。仔細看那張照片，放大再放大，壇場在室內、拍攝當時也沒有人走動，沒有灰塵，我想應該是燈的反光，但那光圈中有著圖中圖，是立體凹凸不平的圖案，與朋友拍到的法輪非常吻合。雖然不解那是什麼原理，不過多年來我也未曾加以追究。因為這幾年在佛法上的薰習，了解正信佛教不強調神通靈異。我常跟朋友說：「神通神通，深入經藏行解並重，自然就會通，正信的行者通了的時候，嘴巴只會更緊；只有想斂財求名利的人，才會一直宣傳自己通了。」

我國中時期就喜歡上拍照，存錢買傻瓜相機，結交愛好照相的朋友，瘋拍照三十七年，除了技術更加純熟，配備也愈來愈精良。十一年前到人間佛教讀書會做義工，有一天將得意的攝影作品帶到讀書會跟夥伴們分享，妙寧法師表示全民閱讀博覽會正好需要攝影人才，高興地將我獨立編制成軍，開啟了我背著相機進入「田徑賽場」的義工生涯。

十年來，為佛光山、佛光會大大小小活動拍照記錄，我的大拇指都常處於發炎狀態。活動前我都會先勘查場地做功課，把握每個試鏡頭、光圈快門的機會，即使像每年例行北區禪淨共修祈福法會，雖然林口體育館的場地我已經非常熟悉，必定提前四小時去看場地、測角度，衡量分秒必爭搶拍點燈的全景與特寫，常以跑百米的速度從制高點往下衝刺。整體說起來，高雄巨蛋的場地最難拍，制高點沒有立足之地，萬人獻燈的畫面很難取得全景。我常分享一張用汗水換來、得來不易的新聞照片，那是在二〇一一年「佛祖巡境．全民平安」行腳托缽祈福活動中拍到的；走到台北市區那天，眼看已近黃昏，文宣組沒有人拍到可當主圖的新聞畫面，大家真的急壞了！我想拍信眾投缽的景，但天色漸暗，就算能拍到，行腳僧戴著斗笠，臉部也一定是暗的，正不知該怎麼辦時，隨著隊伍行進信義區，看見天空呈寶藍色，行腳僧又剛好遇到紅燈停下來重新整隊，我大呼：「真是天助我也！」只待綠燈一亮，立刻衝到馬路中間，蹲著用雙腳當腳架，連拍「啪！啪！啪！」時間急迫，只能先求有。事後回想如果有腳架，光圈又縮小，星芒一定會出來，效果一定超級棒！

感恩佛光山給我種種因緣，促使我不斷求進步。二〇一二年承蒙慧昭法師邀約「雙昭聯展」，於佛光緣美術館屏東館舉辦「自然・禪心・生命——釋慧昭・莊美昭聯合攝影展」，很榮幸藉由攝影藝術協助法師弘法度眾。二〇一四年第一屆「海峽兩岸佛文化攝影大賽」，我的《禪修中》與福建攝影家作品《虔誠的心》同列冠軍。

在弘法大會上，聽到許多精闢開示，印象最深刻的是星雲大師的那張用來寫作吃飯、會客、會議、寫字的「八公尺長條桌」。初聽那張長條桌「沒有抽屜」，一開始沒什麼感覺，後來細心一想，才恍然大悟：「沒有抽屜」象徵著「不藏私」。不藏私一切共享，才造就今日佛光山法輪常轉五大洲，原來在大師的心中，世界本是一家，所以不管到何處都能慈悲喜捨。我想我拍到了真正的「法輪照片」，就是大師「不藏私」的開闊胸襟。

懺悔此生多業障 不見如來金色身

林宏弦
教育部生命教育培訓講師
弘源水科技企業社負責人

我人生最大的驚奇，是發現七秒相當於四十年的微妙時空，我沒找人算過命，不過歷經四十歲那年遭逢的生死一瞬間之後，我自知原本壽命只有四十歲。

讀小學時，我是師長父母眼中品學兼優的好學生。哪知國中時期被同學霸凌，常被搜身要錢，身上沒錢，就會挨揍，每天活在恐懼中。有一天跟爸爸吐露心聲，爸爸說：「我們不惹事，但遇到事，我們也不怕事。」隔天到學校，我又被三個夾攻，想到爸爸講的不怕事，便使出全力出拳反擊，沒想到我一對三，竟然打贏了。看著他們落荒而逃的身影，驚訝發現，原來自己是打架高手。

從此全校沒有人敢欺負我，一些弱小的學生紛紛來依附，我有時也會幫他們出頭，感覺自己像一個正義英雄，在武力這一塊找到很大的成就感，連一些校外人士都聽到風聲來跟我接觸。打架滋事變成家常便飯，進了少年感化院。出來後照樣惡性不改。到了一九八六年一清專案，又被抓到少年管訓隊。服完兵役後幫派就來吸收我開賭場，結夥成派，自以為是個呼風喚雨的英雄大哥。母親為我傷心透頂，哭乾了眼淚。

因吸食毒品，二〇〇五年在監獄中進了戒治所，那時是被當成病人，輔導的長官因為我說家裡有拜祖先，就把我排去佛教班。第一天去上課，在門口聽到裡面正在誦經，我開始頭痛，一向逞凶鬥狠的我，竟然心生畏懼在佛堂門口躊躇著不敢進去。一踏進門看到許多身上刺龍繡鳳的大塊頭，人家呼「跪」、呼「拜」，他們就跪就拜。我心想這是什麼力量，心裡有種抗拒感，跪不下去。

那時天天都有佛學課程，佛光山監獄布教師密集輪流來授課，我慢慢有了「感覺」。有一天監獄布教師講到一偈語：「佛在世時我沉淪，佛滅度後我出生；懺悔此身多業障，不見如來金色身。」一語音一入耳，我悲從中來，回想自己大半輩子混混沌沌，不懂是非善惡，十二年之間受困監獄牢籠。內心深處有一個聲音在吶喊：「我不要再過這種生活了！」真的好累好累，加入幫派才知道黑道並非講義氣，英雄主義的虛偽面具撕裂之後，覺得好空虛。坐在蒲團上，我一遍遍問自己，到底這一生是來做什麼的，忍不住痛哭流涕。

從那之後，我變得很虔誠，每回課程中都跟老師問東問西，關於各種佛門行儀的問題。主管也看出來了，就叫我當佛堂的香燈。有一天，一個令人振奮的消息傳來，心定和尚要來主持皈依典禮。我沒見過心定和尚，但聽到他名字，就覺得好親切、好感動，很期待見到他。布教師知道了，就拿心定和尚的念佛珍藏版 CD 送給我，封面上有和尚的照片，我沒有什麼可以供養，於是用鉛筆一筆一筆慢慢畫出和尚的法相，心想就用這張素描作為供養，表達我們內心的感恩。作畫畫出了興趣，我們囚室中有一個置物箱，我就在這個置物箱上陸續畫出伽藍菩薩像，也抄《心經》、背〈大悲咒〉，心情變得很平靜，好像身處於一個寧靜角落，有時完全忘記還有其他受刑人同處一室。

二〇〇五年我終於等到天亮，身與心都走出了監獄。帶著心定和尚在皈依典禮中開示的三千萬——「千萬要忍耐、千萬要堅持、千萬要有信心」，面對橫亙在眼前的重重關卡。找工作四處碰壁時，承蒙當時圓福寺住持妙凡法師協助我找到清潔工的工作。媽媽擔心我做不到三天，哥哥嘆息說：「絕對做不到三小時。」他們都沒料到我能堅持住。那是我這一生第一次憑勞力正正當當賺錢，內心覺得很充實，很安定。領到第一份薪水時，快步跑到圓福寺為去世多年的父親登記法會功德，以告慰父親。

一天我頭戴斗笠、腳穿雨鞋在馬路上掃地，遇到以前的兄弟，他們不敢置信，我竟然「落魄」到這種程度，就趕緊去回報，沒多久同道提著一個皮箱來找我，他說這兩百萬給你，拿去置裝買輛車。我想起心定和尚的叮嚀：「千萬要堅持！絲毫沒有動搖，告訴對方說我已不再涉入江湖事。」

在圓福寺加入金剛分會，那時丘欣榮老師是創會會長，常常鼓勵我出來發心，但我察覺沒人敢跟我講話，想是大家耳聞了我的過去。後來我報名參加嘉義會館的佛畫班，學期末老師宣布要成果展，因為我沒錢為作品裱框，沒打算參加成果展，作品也沒有完成，直到成果展當天，老師發現了督促我趕快畫好，我才緊張地現場即席作畫，墨水還沒全乾，老師就掛上去展出。這一幕讓許多佛光人看到，從此願意主動跟我交談了。

學佛最盼望的是皈依受戒，我是在監所皈依，受戒則是到佛光山。第一次上山，興奮不已。奇怪的是，要到圓福寺集合上車的路上，我的摩托車不斷熄火，加上頭痛愈來愈劇烈，很想就此打退堂鼓，剛好點名的師姐等不到我，打我手機，我說車子壞了不去了，他說不行，大家都在圓福寺等你，你一定要來。這通電話給我很大鼓舞，我最後是牽著摩托車抵達的。在南下的遊覽車上，我忍著頭痛，閉目養神，不知道什麼原因，到了佛光山頭就不痛了。在不二門下車，清新的空氣瀰漫著祥和寧靜，那一晚在山上掛單，我睡得非常安穩。已經十幾年沒這麼安穩睡覺了（以前混黑道，常常心驚膽顫，晚間要配槍才敢閉眼）。隔天一早在大雄寶殿禮佛，我熱淚盈眶，告訴佛祖：「我終於回家了！」

回家的機緣愈來愈多，抱持著懺悔心參加朝山修持，每每到大雄寶殿回向時，內心總覺得清涼，也更具足勇氣面對自己以往的錯誤。媽媽身體不好，沒有辦法跟我一起去朝山，我就將他的衣服放在朝山袋三步一拜為他祈福。

我一直很掛念在高牆內的同學，能不能繼續佛緣。得知佛光山鼓勵朝山修持，帶一部遊覽車回來，會結緣一顆舍利子，當下發願一定要帶車回山，但距離朝山的日子只剩三天，趕緊趁交通指揮的空檔，告訴參加法會的師兄、師姐我的心願，原本只求能邀約一部遊覽車的人就萬幸了，沒想到報名非常踴躍，大家都願意幫助受刑人改過遷善，三天後共八十多人圓滿朝山，我獲得了兩顆珍貴舍利子。

半年後我穿著佛光會服跟著法師將兩顆舍利子奉送進監所，走在監獄迴廊上，我彷彿還能聽到以前自己手鐐腳銬鐵鍊拖地的聲音。我跟同學們說人世間有一條光明的道路可走，細數我出獄後的種種，最後對著同學發願，必定再進去為大家打氣。那次經驗令我震撼感動，立願成為監獄布教師，再進去幫同學接續佛法因緣。

當時總會規定必須擔任過會長才能勝任監獄布教師。經過漫長等待，終於幾年後，我夢想成真，接任金剛分會長。當會長的成長跨度非常大，我學會了隨時檢視自己的身口意，也領悟到了生命最大的價值在於「服務」。

那時我的工作已從清潔工轉換到飲用水工程。有一天阿里山一所小學的十噸水塔故障，通知我去修理，我到的時候工友已經先處理過，但沒修好。看到潮濕的地上有幾綑電線，直覺危險，所以先穿好雨鞋再去拿工具，沒想到水塔漏電這麼嚴重，靠近水塔大約三尺距離的時候，突然一股強烈引力把我吸過去，我雙手抱著水塔兩腳離地，那瞬間我「看到」人生四十年光陰「倒帶」，從出生開始一幕幕清晰快閃，被霸凌……自己不堪的壞人模樣……第一次到佛光山，影像從進佛光山開始由黑白變成彩色，看到自己合掌向三寶佛哭訴……接著朝山畫面閃現，明明背包放的是媽媽衣服，怎麼到臨死前，看到背的不是衣服，而是媽媽真的在我的背上，而且還能感受到他沾著汗水的頭髮黏在我的臉頰上，心中一陣傷感：啊！媽媽老了，消瘦了！身體變得好輕。影像繼續快閃……會長交接的畫面出現，我「看見」自己披上會長肩帶，不可以，啊！才上任半個月，我在佛前宣誓要做好會長的職務啊！我不能死！我想叫，可是叫不出來。氣息漸弱僅存一念：「佛菩薩，我只待來生了！」這時，佛光山大悲殿的觀音菩薩出現在我的右上方，接著我看到圓福寺觀音菩薩出現，觀音像背後的〈大悲咒〉散發金黃色光芒，我動念持〈大悲咒〉，感覺才念到第三個字，就有人從背後猛拉我的左手臂、腰部皮帶，我跌落地面躺在地上，突然有了呼吸，漸漸恢復力氣爬起來，環顧四週空無一人。瀕臨死亡短短七秒間看到了四十歲人生的每一幕，真是不可思議！

我應該只有四十歲的壽命，感謝一路提攜我的佛光恩人，總在緊要關鍵時刻拉我一把，幫助我不斷蛻變重生，往佛道上行進。我國中被退學，出獄後進國中進修部，接著讀高中，現在正在讀日間大學。我如願成為監獄布教師，也是生命教育十堂課的校園講師、人間佛教宣講員，在這人間的每一天，我必定善用來發光發熱，盡己所能弘揚人間佛教，拉拔沉溺苦海眾生。

心佛眾生 三無差別

黃月貴
隨緣小棧蔬食坊店長
佛光會桃三區督導長

現代人喜歡利用假日造訪山林，觀花賞鳥。我出生在山地鄉桃園復興，家境貧困，靠山吃山，在我看來，山林是我們賴以生存的依靠。我四歲就會挑秧苗給父親插秧，六歲就能上山挖竹筍，讓姐姐擺在路邊攤賣。

爸爸對山林更有著特殊的情感。一九九六爸爸七十二歲那年重病住院，兄姐和我輪流到醫院照顧他。有一天凌晨四點半，爸爸把我叫醒，告訴我說，他去到一個地方，頓時感覺身心清涼，那裡的山好美好美，不但沒有雜草雜樹，而且還會放光。我很好奇：「沒有草的山？」他接著說：「林中小鳥的叫聲非常悅耳，地面鋪著黃金，蓮花池中的蓮花像車輪那麼大朵，上面還有人坐著念佛。」我問他：「有沒有人跟您講話？」「有一個人走過來，我知道他是菩薩，跟我說：『你可以留下來啊！』我回答他：『不行啊！我女兒找不到我，會很著急！』」

我兩歲多就喪母，爸爸父兼母職將八個兒女帶大，難怪他那麼掛念兒女。我覺得爸爸說的那個地方，應該就是極樂世界。「遊歷回來」了之後，又延壽十年，二〇〇六年往生。父親雖不識字卻能親歷極樂淨土，我想是因為一心念佛、為人厚道，加上典型「不念舊惡」的慈悲心腸所致。

我學佛是受姐姐月甘督導的影響，永澄法師慈悲接引我們全家，父親念佛很精進。一九九六年全家族三十幾人皈依受戒，聆聽星雲大師開示時提到「希望從山巔到海邊，都能成立佛光會」，姐姐心中就立志，要圓滿大師的願望，回山地鄉積極籌組佛光會。她邀約我的小學老師林一菊出任復興創會會長，並鼓勵才二十五歲的我承擔幹部。一九九六年五月大師授證成立復興分會，就這樣我成了我老師會長的祕書。

雖已皈依受戒又是個佛光會員，但其實對佛法還懵懵懂懂。直到有一天，一位佛光會幹部載我到桃園講堂參加活動的路上，車上播放法師講經錄音帶，當聽到法師說：「心佛眾生，三無差別。」深深觸動了心弦。從小常看到電線桿上貼著標語「信者得永生」、「不信者下地獄」，總是滿懷疑惑，幼小心靈也夾帶著些許恐懼。所以「心佛眾生，三無差別」法音一入耳根真是萬分感動。佛是無比尊貴的聖賢，而眾生竟然與佛平等、沒有差別，這實是舉世最偉大的宣言！從那一刻起，我決心深入佛法義理。

第一堂課首先拜讀星雲大師著作《釋迦牟尼佛傳》，流淚看著悉達多太子割愛辭親、捨棄榮華富貴、修種種苦行，一心一意追求真理，為輪迴生死大海的苦難眾生，指引一條離苦得樂的解脫大道。大師精湛細膩筆觸，帶領讀者回歸佛陀時代，讀後內心迴盪不已。一九九八年即回佛陀故鄉印度朝聖。一九九八年二月大師遠赴印度菩提伽耶傳授國際三壇大戒及多次在家五戒、菩薩戒，恢復南傳佛教國家失傳千餘年的比丘尼戒法，我有幸也參與在那千載一時的勝會之中。合掌跪在菩提伽耶菩提樹下受戒時，不禁熱淚盈眶拜倒佛陀座前，向佛陀傾訴：「我終於回家了！」所以常常請購《釋迦牟尼佛傳》送給初學佛者，我自覺要先認識教主，了解苦集滅道，遇到逆境時，才不會被考倒。

我從小生性怯懦害羞，從未參加任何社團，原本擔心無法勝任佛光會幹部，漸漸發現，只要肯發心，就能發光發熱服務大眾。佛光會歡迎所有人，不管你有沒有影響力、有沒有經濟能力，只要你願意，佛光會就是你棲息長養慧命的地方。可能我們有時候會看到一些其他團體訓練有素，任何活動都是整齊劃一。相對的，佛光會活動可能就不是那麼整齊一致，其實是因為普門大開、融合大眾的緣故。從活動中我看到大師海納百川的慈悲、雅量，佛光會會長、幹部們都堪稱是菩薩行者，在各角落邀集村里鄉親一起來從事各種淨化人心活動。

我不再內向怯懦，大師的「平等智慧、永不退票」品牌，都是我正向翻轉源源不絕的正能量。

好遺上方香積國
為予一缽盡擎來

黃楊金雀
偉儒企業社負責人
佛光會鶯歌分會會員

我住鶯歌鎮，十五年前有因緣協助鶯歌禪淨中心的建設，跟法師慢慢熟悉了之後，就常到鶯歌禪淨中心共修、做義工，不久成為分會副會長。

婆婆信仰道教，很擔心我學佛後會想吃素，就交代說我們每六年都要作醮，獻祭豬公，你若吃素，親戚朋友就不願跟我們來往了。

我原本是經營瓷磚工廠，很奇怪，每每逢年過節就倒窯，同修有一天去埔里遇到一位法師，法師說「錢四腳、人兩腳」，教他要學佛修行，不要一直想要多賺錢。鶯歌禪淨中心落成之後，永富法師、覺參法師常為我同修講佛法，同修的觀念有所轉變，就勸婆婆說，以後不要用豬公拜神了，不要殺生啦，用紅龜粿就可以了，心意一樣的，神要拜、佛也要拜。

有一年金光明寺舉辦歲末聯誼，法師請大家抽一張法語當作新年展望，我抽的好法語寫著：「寒梅帶雪嶺頭開，冉冉天花落講台；好遣上方香積國，為予一缽盡擎來。」我當場傻眼，因為剛學佛不久，我以為上方香積國指的就是上天堂、天國，當下不高興地喃喃自語：「要叫我去天國也等我過完年再說嘛。」後來跑去跟法師抗議。法師接過去看，哦了一聲，歡喜地說：「師姐，你會煮菜是不是，我滴水坊很缺人！」我嚇一跳，故鄉在屏東枋寮，娘家就是做餐飲業的，可是我嫁到北部來，從沒跟人提起。後來才弄清楚原來「佛寺的廚房叫香積廚」。就這樣我成為金光明寺滴水坊的長期義工，一做就是十四年。

萬萬沒想到，做義工的功德這麼大。有一天大兒子從公司回家喊說身體不舒服，很快陷入昏厥，全家人急壞了，立刻聯絡救護車，連送四家醫院都被拒收，說是昏迷指數過低，沒辦法救；到第四家醫院竟也不願收治，我跪著求醫生，請他設想一個母親的焦急心情，救救孩子！醫院終於安排兒子進到加護病房。感謝道場法師為兒子誦經回向，我跟同修一心誦念觀音聖號。隔天同修靠在兒子耳邊說：「你要趕快好起來，你看師父們都對我們這麼好，你自己也要趕快念觀音菩薩，要有求生意志。」第四天發現兒子眼睛眨了眨，我們感覺有幾分希望，精神大振。第五天他已能張開眼睛，親人們喜極落淚。十四天後復原出院，我們全家到金光明寺禮佛，拜謝法師，同修後來還帶著全家人一起皈依三寶。

兒子回憶說，那幾天，他在一個陰暗的大房子裡逃跑，躲避一個矮個子老人，兒子身高一八三公分，那老人很矮，老人說你累了沒力氣，我就能抓到你。兒子急得繞來繞去，發現那房子根本沒門，最後果然疲乏腳力虛軟，老人在身後得意地說：「跑不動了吧！」我兒子不知哪來的靈感，大喊一聲：「我媽媽在金光明寺做義工，你休想抓到我！」此時眼前現出一道出口亮光，他趕緊爬出來，驚覺自己怎麼躺在醫院裡。法師建議我們用兒子的名義，到家附近的學校設立清寒獎學金，為他植福。八八風災對台灣造成重大災情，我也匯款贊助屏東長治鄉向日葵圖書館。

我不僅在道場做義工。住家附近有一所小學，十年前有一天我看到一個小學生差點被撞到，立刻衝過去把他扶起來，心想小朋友過馬路太危險了，就找老師自告奮勇，擔任交通導護義工媽媽，每天穿著制服帶著口哨，在學校路口維持交通秩序，維護學童上下學安全。

我學佛吃素，與人為善，和親友的情誼更加深厚；做義工廣結善緣，無形中庇蔭了後代子孫，深感安慰。全家更是對三寶龍天護佑，滿懷感恩。

幸福就是觀念轉變彼陣開始

吳錦麗
台南市衛生局東山區衛生所護理長
佛光會台南新營一會督導

「往生就像移民到其他地方，也像換掉破舊的衣服，再去換一件新衣裳。」

我第一次聽到這段安慰臨終病人的話，是我先生病重時對我說的，他醫療期間靠聽法師講演錄音帶，堅定自己的信念，並且希望我能接受他即將移民、離開人世的無常。短短二十八天，讓人來不及做好準備，同修生命週期匆匆的畫上句點。

我同修喜歡佛教，但僅止於在家中自修，他經常做早晚課誦經，也茹素，卻沒有皈依三寶。在他人生倒數計時的關鍵時刻，他大姐提醒我說，趕快請法師到醫院來為他方便皈依。但怎麼樣才能找到法師呢？我想起了小兒子國小老師的同修是佛光會長，趕緊拜託老師聯絡佛光山新營講堂法師前來醫院，承蒙師父慈悲，成全我們皈依三寶。

我於一百年（二〇一一）公職退休，從小沒有接觸宗教，那天當家覺來法師與三位法師為我同修皈依開示時，我請教了法師許多佛法問題，也訴說心中的疑惑、掛礙，法師慈悲一一為我解答，離去前，還特地給我講堂電話號碼，叮嚀說隨時有何狀況，就馬上聯絡。握著這張名片，心中萬分感動，不再那麼無助。

同修在皈依之後，就說想回家，晚上七點回到家，四個多小時後就往生了。我立刻打電話，師父聯絡助念團來助念，真的感激不盡，法師們在第一時間協助與關懷，之後舉行殊勝三時繫念法會。那時悲傷、心慌意亂，一切佛事全靠法師主持。

第一年過年時，我哭得特別傷心，覺得圓滿的家庭缺了一角，腦海中充滿了回憶；先生一輩子努力奮鬥，總是節儉持家，沒想到無常一到，五十幾歲就離開人世。

爾後我在佛光會門外觀望了半年，確定這是一個非常適合我的正派社團，才填了入會卡。但因心情還未平復，一直沒有出來參加活動。

直到二〇〇二年，覺來法師帶領讀書會，佛光會員約我一起去參加，不久，覺來法師邀我擔任分會祕書，當時不了解佛光會組織架構，只知道那是我人生最灰暗時期的依靠，會長就是我小兒子的小學老師李美慧，當了二年祕書，彼此合作無間，共同圓滿好多的任務。天有不測風雲，人有旦夕禍福，二年後大兒子在一場意外離世，我們一家無法面對這場無情大海洶湧的海浪，有如陷入谷底深坑，小兒子悲痛得在醫院撞牆。那段日子，我痛苦到不知如何呼吸，只有在佛堂嚎啕大哭時才感覺到自己還存在，常常盤旋腦中的念頭是，怎麼樣才能讓自己在人間消失。有一天突然不知為什麼，突然心中蕩漾著一段因緣法語，甚至愈來愈響：「欲知前世因，今生受者是；欲知來世果，今生作者是。」我努力與心靈對話，告訴自己要為未來的日子著想。尚有小兒子、媳婦、一對可愛的孫子，責任重大，任務尚未完成。

是信仰的力量帶領著我再度勇敢面對人生。因為心中有佛法，擴大胸懷，我能與親家母共同居住、和氣共處；覺得媳婦、孫子、多人互相照顧，家裡熱鬧、笑語連連，共享天倫之樂，也助我圓了幸福之夢，因此心中常存滿滿的感恩。

大兒子比小兒子年長十四歲，看到哥哥急救無效大受衝擊，跟我說大學想就讀醫學系做外科醫生，我說媽媽只剩你這個孩子，外科醫生太辛苦又操勞。後來他成績達到醫學系高分，但為了讓我安心，選擇牙醫系。一路走來，在師父提攜、法水滋潤下，二〇一二年有幸承擔會長職務，在佛光會不但享受無盡的道情法愛，更令人感動的是大眾無私的奉獻，以及佛光人集體創作使命必達的智慧。道場與佛光會大家庭，給了我很大的溫暖，我擦乾眼淚，挺起背脊，奮力將悲痛轉化，以正向心念來祝福大兒子，祝願他往生善處。

人人追求幸福，到底幸福是什麼？我曾哀痛人生無常，身心如同跌落寒潭，「幸福」應該跟我是絕緣體，今天我能枯木逢春，重獲生機，其中經過的一次次身心剝落又重新癒合的過程，實非言語所能形容。一首星雲大師作詞的「人間音緣」的歌，唱起來別有一番滋味在心頭，

「到底幸福是什麼，講破無值錢，幸福就是觀念轉變彼陣開始」，觀念轉變，才能和平安寧、凡事看開，我用全副身心印證了「轉念，世界就改變」。而「能轉念」背後最大的動力，是源自佛光山舉辦的各項活動。人間佛教活動中總會撒下海量的光點，照亮每個與會者內在，每個光點象徵又是無限淨化、善美的因緣聯繫。種種美好的因緣聯繫，引領我發掘內在寶藏，形成「轉念」的最大原動力。

給人信心

游明傳
南投監理站站長
草屯佛光童軍團主任委員

那年兩個小孩，一個兩歲、一個四歲，太太抱著、牽著他們走進佛光山東海道場。我在車上等候，感覺氣溫下降，擔心孩子會冷，拿了外套上樓，非常巧合，竟與星雲大師同電梯。皈依三寶大典結束後，我跟太太說：「你的師父很親切平易近人。」

太太常到東海道場做義工，有一次法師宴請我們全家，用餐時談到道場需要金剛義工，不久我就跟著其他的金剛師兄一起去整理道場倉庫。直到一九九六年我才皈依。隔年佛光會籌組霧峰分會，在我家開籌備會，原本邀我太太當創會會長，那天大家看我一直熱心忙來忙去張羅，就提議說由我先當會長好了。一九九八年我成了創會會長，一切從頭學起，半夜會員打電話說家裡有人往生，我跟太太攜帶念佛機連夜趕去助念，第一次找不到台中殯儀館，還繞路找了很久，好不容易找到了，看到有些亡者的腳裸露在外，三更半夜的恐懼感陣陣襲來；雖然害怕，但只要會員一通電話，我一定馬上趕到，這是做會長的職責，職務在身，心中愈來愈有力量；有時助念到凌晨兩點才回家，隔天還要趕去上班。本著一分責任感，先做了再說，力量就出來了。後來為了會員參加助念及到道場共修方便，我買了兩部廂型車接送老菩薩。

一九九九年發生九二一大地震，災情非常嚴重，停水停電，橋梁斷裂，簡直像世界末日。我們幾個幹部趕緊衝到草屯禪淨中心，只見大門關閉，真是著急，大喊：「師父！師父！」鄰居出來跟我們說，那是電動門，停電了就開不了，法師們都從後門運送物品出去了，在旁邊的學校煮熱食給災民吃；我們又趕到學校去，看到災民排著隊，前方大口爐灶冒著熱煙，法師將所有食物都搬出來煮給災民吃了。那一幕我永遠難忘，十七年來，每每回憶起那天的情景，內心依然是滿滿的感動。

佛光會立即啟動救災行動，我們馬上收到蘭陽別院載來的一卡車的物資，讓我們賑濟災民，那輛卡車帶來無限暖意，象徵著佛光人堅實的後盾。當別的團體都還沒有物資可救濟的時候，霧峰地區佛光人已經在發放毛毯、毛巾、飲料。接著源源不斷運來的帳篷，更是雪中送炭的珍貴禮物，國內帳篷極度短缺，國際佛光會從國外進口大量帳篷發送給受災鄉親。許多罹難者大體運送到霧峰省議會的社福館，霧峰佛光人每天在那裡為亡者助念，草屯地區有十幾個分會，法師們忙於各地救災、助念，有時忙不過來，我們就自動自發為亡者助念。那時佛光會在每個災區鄉鎮都設有聯絡處，就是後來的佛光緣，是災民重要的聯絡處。佛光人每天在聯絡處定點發放物資、贈與骨灰罈，每天大約有二百位震災鄉親來聯絡處申請所需物品。當時好幾個寺廟倒塌了，佛光會也率先為他們搭建貨櫃屋。

佛光緣辦心靈講座、共修、禪修班，我每天下班就到佛光緣去幫忙，到處都是斷垣殘壁，人心不安，許多附近居民來禪坐、聆聽心靈講座、參加共修法會，尋求內心平靜。佛光人四大工作信條，為首的就是「給人信心」，從九二一震災中，我覺得真的是實踐到了極致，物資送達比任何單位還快，面面俱到為受災鄉親設想，關懷備至。

沒有佛光緣之前，都是在我家開月例會，我的小孩也會幫忙擺點心，分送開會資料。我卸任後，太太接棒當會長，從籌備階段開始，我們夫妻一共做了五年會長，深感佛光會對社會公益事業貢獻良多，我們以身為佛光人為榮。從一九九八年到現在，霧峰佛光會還是我在帶助念團，大家都說讓我帶習慣了，希望我繼續做下去。

九二一當晚，我們全家也是驚惶逃出屋外，之後為了幫助、賑濟、安慰受災的鄉親，內在力量愈發堅強，竟完全忘卻自身的恐懼。

回想那年太太抱著、牽著小孩走進佛光山東海道場參加皈依典禮，一大二小的三人身影，真是一個莊嚴起點，帶來一道道光亮。多年以來，我們一家四口心連心，誠懇伸出雙手，發願永做「給人信心」的使者。

永不退票

黃陳秀麗　歐金花

佛光會旗山分會會員

在佛光山上掃地，常常追著樹葉跑；遇到下雨天最難掃，雨勢大的時候，我們去躲雨，等雨停了再繼續掃。最怕颱風天，又颳大風又下雨，總是擔心放生池、回頭是岸那邊的排水孔被塞住。

我們都是固定搭早上頭班車來，一天掃兩回，再搭下午四點那班車回家。強烈颱風來襲，萬一公車停開，我們就來不了，像八八風災那次，客運停駛，我們在家裡著急，沒辦法來山。

十年前是聽法師說佛光山需要幫忙掃地的義工，我跟秀麗師姐等五個人就一起每週一上山掃地。最後這幾年只剩下我們兩個人，其他人說太熱了，很辛苦，還常常問我們兩個，為什麼做不膩！

不管冷、熱，做久就習慣了。我泡黑糖茶，有時候秀麗師姐帶來他獨家配方的青草茶喝，就不會中暑。我們兩個有佛祖保佑，很少感冒，就算感冒發燒我還是照常來掃地，因為掃地有運動到，把汗逼出來，好得比較快。佛光山的師父對我們很好，都會跟我們打招呼、拿點心給我們吃，我們是歡喜心來山上做義工，每個星期天晚上我都期待趕快天亮，能趕早來佛光山掃地。地上乾淨了，客人走起來會覺得舒服，最高興聽到人家跟我們說：「師姐，您們很會掃地，地上好乾淨！」

每逢玉荷苞荔枝盛產大出的季節，還有開徒眾講習會的時候，我們就要連續來六天。過年期間也是來六天，輪流做三天休三天，每週日福慧家園共修會，我們兩個也是固定參加，還有每週四在雲居樓大寮幫忙挑菜。

既然承諾來做義工，我們跟佛祖說，就是做到做不動為止。我們七十幾歲，不敢說自己很老，因為有義工前輩在，雲居樓大寮的班長今年八十八歲，切菜的動作還非常俐落，班長家住甲仙，在雲居樓二十年了，是我們的模範。

因為做義工，我們也成為佛光山的功德主。當初是鄰居約我一起到旗山布教所參加活動，每週四松鶴班的課我們很喜歡。天天都時間滿檔，週一來山上掃地，週四在雲居樓大寮、週六是旗山禪淨中心共修法會、週日福慧家園共修會，再加上農曆初一、十五旗山禪淨中心光明燈法會。

我們都有受戒，搭起縵衣站在佛前，覺得很莊嚴。每年環保組的法師也都會為我們買新衣服，經過梁皇法會的「衣供養」加持後，送到我們手上，說為我們添福壽，穿在身上暖在心裡，大家都稱呼我們「義工菩薩」，佛光山的義工，很受尊重、愛護。真的很感謝！

種福田

王源安
益怡實業有限公司總經理
佛光會中華總會北區協會委員

二〇〇二年佛指舍利來台巡迴到金光明寺供奉，朋友邀我們全家一起去參拜。那是我們第一次到金光明寺，殿堂宏偉莊嚴攝受人心。後來我太太的姐姐要報名參加短期出家，我們全家陪同前往金光明寺。弟媳婦不知道大殿要脫鞋才能進入，就穿鞋進去，鞋印弄髒了地板，我們趕緊問法師說要擦地，法師跟我們一起擦，並詢問我們願不願意來「種福田」，弟媳婦以為種福田就是「種菜」，順口回答：「很有興趣！」就這樣，姐姐、姐夫、弟媳婦和我四個人，因緣際會成了道場長期義工。

我們每週六來做法會的香燈工作，後來永富法師訓練我當香燈頭。因為香燈人手不足，我想辦法多方去招呼人，順利招募到好幾位生力軍。我藉著勤做筆記來熟悉各種法會的細項流程，謹慎周密行事，才不會慌亂、漏失，香燈群事先講習的話，臨場也才不會緊張。

有一天在道場「十願堂」，秀梅師姐說「歡迎你加入佛光會」，第一次聽到這個社團名稱，想到有佛光兩個字應該都是好的，在他誠懇邀約下，我就填入會卡了。之後我從副會長到會長、督導、督導長，同時須要兼顧香燈工作及金剛分隊長勤務。

二〇〇三年是我人生很重要的分水嶺，之前是我每天到公司，之後是每天到金光明寺做義工。很多人問我：不是有開公司嗎？整天都在道場忙，公司怎麼經營？當初公司是我創設，我十九歲到台北學得技術，就邀三個弟弟還有姐姐、姐夫共同來經營。我們四個兄弟四十多年住在同一棟樓，每天一起吃飯，一起工作，感情非常融洽。現在下一代也都願意接棒，家族二十個人一起在公司打拚。

佛光山提倡的三好、集體創作精神，《佛光菜根譚》提示的「人我之間要包容、常保慈悲心」，我都運用在公司的經營上。家族非常和諧，對待員工也很寬厚。

常常法會前布置、法會後收拾、法會中護壇，我跟姐姐、弟媳在道場一待就是十小時。每逢水陸法會，我連續三十天都在道場。每天七點就出門，晚上回到家都已經八點多了，但很奇怪，就是不覺得累，也沒有煩惱心。有一年水陸法會之前，我不小心腳受傷，還是堅持全勤護持大眾慧命，邊治療邊做香燈，最後終於完成使命。

我們幾乎以寺為家，就放手給下一代去承擔、去創新，很慶幸公司營運順利，業績都保持得很好。我覺得冥冥中佛菩薩都有在保佑，公司更加健全、大家也更團結認真做事。我常想，正因為有道場義工任務，所以很順理成章的就放手給下一代去接棒經營，孩子們才能有所成長。否則，可能我還放不下，那就要顧公司顧到老。

十四年的義工生涯，無怨無悔、甘之如飴。感恩佛祖給了我們一個莊嚴道場修持，讓我們學習人生智慧，懂得放下執著；感恩星雲大師，給了我們人間佛教寬廣時空，萬里香花結勝因。

要有人緣須結好緣

張淑琴
中國鋼鐵公司秘書
佛光會中鋼分會會長

十幾年前走進佛殿的那一天，正值法會，當時中鋼分會董翔祥會長引領我跟先生站在後側，看到佛像莊嚴又慈藹，每位法師各司其職，唱誦的音聲非常悅耳，一切都那麼井然有序。我閉上眼睛，感覺內心漸漸安靜下來。

因為公公往生，我們夫妻到小港講堂參加梁皇法會為老人家功德回向。那是我第一次踏進佛教道場，感覺一切都那麼清新明淨，連知賓師姐臉上的笑容，都那麼美麗，我打從心底羨慕他們，可以在如此美好的地方服務。原本我很擔心農曆七月有很多禁忌，因為那是民間俗稱的鬼月。公公逝世，我到殯儀館時，心中很恐懼。感謝董翔祥會長帶我們去小港講堂，佛門莊嚴祥和的氛圍，徹底安定了我的心，從此不再害怕。第一次與佛相遇，真是殊勝。

之後我每週六都去共修，慢慢因緣成熟加入佛光會。因為每年梁皇法會都辦在一到週五晚上拜一卷，所以我們上班族可以參加，梁皇法會我絕對不錯過，雖然每一年都拜跪到腳痛，還是堅持到底。法會後有法師開示，對我來說實在太重要了，多年難解的婆媳問題，也應聲冰消瓦解。

我結婚後與公婆同住，每當我在廚房忙做菜的時候，婆婆總在一旁提醒這個那個要怎麼弄，日子久了，我也會堅持有自己的做法。那天聽法師說婆媳之間和諧最重要，如果今生結下惡緣，來生還要圓滿這堂功課，並引用《佛光菜根譚》的一段話提醒大家：「一個人要成功立業，『緣』是不可少的動力。要有人緣，必須結好緣、善緣、良緣，更要惜緣。」開示內容對我的啟發力量非常大，從此我改變了與婆婆的應對模式。在廚房不管他叫我做什麼，我都和顏悅色聽從，一切照辦。奇妙的是，才七天，婆婆就對我全然放心，不再進廚房為我下指導棋。我愈配合他，他對我愈和善，這樣的善循環很明顯，不久連我先生都看出來了，他們一致認為，是因為我開始學佛的關係。

以前我婆婆避談死亡話題，我學佛之後，跟他的關係更加親密，常會勸他多念佛，我說：「媽媽，你一個人在家，剛好可以念佛，人年紀大了，趁記憶力還在，要養成念佛的習慣，這念佛功德都是我們以後往生的時候可以帶走的。」他真的聽進去了。有一天我們聊起來，我進一步問：「媽媽，您以後走的時候想穿什麼衣服，要先跟我說清楚，要不然我很笨拙，猜不出您的心意，可怎麼辦！」婆婆笑著說：「好！好！我先跟你講好。」八十歲的人了，不忌諱談生死，真不容易。公公往生後骨灰安奉在佛光山萬壽堂，婆婆交代我，他以後也要放在萬壽堂，因為那裡很乾淨，而且都有法師照顧誦經。他曾帶著我去看龕位高度，對我說，就第五層比較好，你個子不高，就不要把我放得太高，來看我的時候才不會太辛苦。

在佛光會中認真參與活動幾年後，法師與分會都屬意我來接會長，我的回覆是須要經過家人同意。我首先請教婆婆，婆婆一時之間沒表示意見。我跟他說，媽媽您很相信觀音菩薩，那您到觀音面前擲筊，如果連續擲出三個聖筊，那我才可以去做會長。果然隔天清早婆婆就擲出了三個聖筊。第二位是我先生，他對我承擔佛光會長的事，一聽就贊成：「好啊好啊，你去做。」哪裡料到年底交接期，剛好碰到理監事會議，佛光會忙得不的了，我就從早到晚都在外面，有一天在會議中，讀到先生傳給我的 line：「你乾脆去出家好了，也不用回家了！」我急得眼淚掉下來。其實錯在我，因為我疏忽了婆婆，得到這次教訓後，我特別注意婆婆的食衣住行，一定將晚餐煮好，才出門辦理會務。我也練得手腳愈來愈俐落。半年當中，平衡感掌握得很好，可以兼顧家庭、事業與會務。

中鋼分會是一個很特別的分會，因為會員住的地方距離很遠，我接任會長，會員人數不多，願意參加會議的更少，跟我同期的其他分會長都很用力在推各種活動，我一時之間拿捏不到要怎麼帶領分會。

第一個念頭就是要跟大家結緣，讓大家知道佛光會都在忙什麼、人間佛教都在做什麼。剛開始月例會只有幾位同仁會來，到下一個月，我就一一打電話邀請，可是時間到了，大部分的人還是沒到。原來是他們習慣使然，下了班，如果是要回家，開車就左轉出去；可是留下來開會，是要右轉，因為方向相反，所以他們總會忘記，很順地握著方向盤就左轉回家了，因為那是每天回家的道路。

遇到這種情形，我就會在隔天一一去問候：您昨天忘了來開會了。這樣一次、兩次，他們不好意思，就記起來，比較踴躍來開會。開月例會時，我又要準備便當、又要準備資料，看到同仁會員一進會場，高興得不得了，走到門口向他們九十度鞠躬，歡迎他們蒞臨。因為開月例會都是大家下班後，其實肚子也都餓了，所以我都會準備鳳梨酥、核桃酥送給大家，那都是我親手做的，大家更珍惜了。會議中我一再感謝大家，我說若沒有會眾，我一個人怎麼當會長，所以我今天能站在這裡，是要感謝大家，若真的沒空參加也沒關係，不用掛礙，也許因為我很誠懇，月例會愈來愈熱絡。接著中鋼分會開始策畫佛學講座，第一位邀請到慧開法師開講「如何瀟灑走一回」，針對現代人的善終課題，用數學觀點來看待生命的講座，讓中國鋼鐵員工對生命善終有了一番新註解，當天現場連站的位子都不夠，人數多達二百人。風氣慢慢打開了之後，我們又成功連續舉辦了好幾場佛學講座。

我參加人間佛教讀書會活動時，都會去展示區買書，送給同仁們看。尤其去年的《獻給旅行者365日——中華文化佛教寶典》、《貧僧有話要說》，我送給許多同事，平常我就送《佛光小叢書》，同仁們出差的時候攜帶方便。我們中鋼都是很會讀書的人，我想他們只要看上一句，心領神會覺得受用，就有價值了。

二〇一五年我邀請同仁帶眷屬一同參訪佛館，分好幾個梯次一共二五〇〇人共襄盛舉。這一炮，應該名聲已經打響了，雄偉的佛陀紀念館、豐富的館藏讓大家眼界大開。今年的禪淨共修祈福法會，我們的執行副總經理帶隊前往參加，十位嘉賓看到萬人獻燈很震撼，深感星雲大師的祈願文，表達出來無私奉獻的寬大胸懷。

善的循環在我們公司內流通，善緣會一直不斷產生，感謝總會法師與道場法師的指導，佛光會完備的組織力，讓我圓滿心願，讓中鋼人知道國際佛光會是聯合國非政府組織（NGO）的成員，看到佛光人致力於為人眾創造幸福與安樂的熱忱。

有捨才能得

許美月
佛光會台北松四分會督導

我們夫妻跟一群愛好山水的同事，利用假日到處漫步林間吸收芬多精，稱得上是休閒玩家。

一九八六年好友蔡茂松居士引薦我們去到位於大屯火山群中的北海道場，北海岸蔚藍景致、優美環境令人目不暇給，第一次到佛教道場，法師親切招呼我們一行人，並挽留大夥一起用餐，只見他瀟灑撩起長衫，走進廚房，很快地變出好幾道可口素菜料理。飽餐一頓之後，每人還收到法師送的觀音菩薩畫像，真是滿載而歸。

之後久久難忘佛門的慈悲溫暖，有一天買了四箱水果送上北海道場，法師們歡喜供在佛前，從此我跟先生每週四固定送水果上山。後來得知佛光山有許多別分院，也就近到極樂寺、普門寺禮佛。有一次到普門寺，正好遇到法會，就一起參加，法會結束後法師講道理給大家聽，我們聽得津津有味。先生騎摩托車載我回家途中，一路上都在討論剛剛法師講的內容，正好為我們事業上所遇到的問題提供了解決之道。為了聽開示，我們夫妻總將法會列為優先行程。後來發展到只要夫妻有意見相左的時候，就相約去聽開示，回家後再細細檢討。所聽的開示，對我影響最大開示就是──「因緣果報」和「未成佛道，先結人緣」這句話。

我是幼稚園園長，有一次，我急著將小朋友送回家長那裡，摩托車停好後就抱著小朋友下車進到屋內，才短短不到三分鐘，放在車上的皮包竟不翼而飛，我猜應該是住在附近的人家取走，就在車上貼一張留言──「拜託將印章與證件寄到以下地址，其他的東西我可以奉送」，隔天我才去把摩托車騎回家。果然幾天後我收到了裝著印章證件的信封。十萬塊現金對方真的拿走了，二十幾年前那可不是一筆小數目。想當初我跟先生結婚時生活清苦，就是一人一雙筷子、一個碗這樣建立家庭，我每個月薪水原封不動交給婆婆；為了養育小孩，我還在家裡做加工，夫妻胼手胝足努力打拚，丟了十萬元怎麼能不著急！很奇怪，從發現皮包不見那一刻起，我就沉著不慌亂，事後才恍然大悟，原來是平常聽經聞法，對金錢的價值觀念已經不同了，我當下想到的不是錢不見了，腦中首先閃過的念頭是「因果」，所以能立刻放下執著。好想大聲告訴親友：「學佛真的太好了！」

我本是佛光會松一分會，後來精緻化，就承擔起松四分會長的責任，台北道場尚在興建時，跟會員常來打掃，寺院建設完成，我就到十三樓來做知賓；同時間也加入普門寺友愛服務隊，到老人院、殘障院關懷慰問，視野心胸都比以前更寬廣開闊。

一九九一年我父親往生，淚眼悲傷中，我看到他老人家兩手空空，一生心血什麼都帶不走；想到他一生勤儉撐起這個家，但也養成不容易施捨的習性，看到他去世前痛苦難當。我陷入深思——人生有什麼是帶得走的？有所覺悟後，我果斷地將幼稚園的經營權免費轉讓出去，不收分毫，只要接的人具足教育理念就好。我要用更多時間行善助人。決心從事慈善公益時，立定信念，所謂「堂上雙親你不敬，遠廟拜佛有何功？」我告訴自己，「家裡的大菩薩小菩薩」要普同供養。大菩薩就是我的公婆、母親，小菩薩就是家族晚輩。

我固定在道場做知賓，有一個師姐跟我說，香燈法師很忙，我們去幫他排水果。沒想到這一排，排了十七年，後來更加入香燈組，學會各種程序銜接事項及三時繫念壇場、告別式場的布置。先生擔心我無法搬重物，就跟著常來幫忙，他是金剛分會長，我是松四分會長，夫妻同心除了照顧各自會務，在法會香燈工作上也很有默契。每逢農曆七月份，我都是早上五點來道場，晚上十點多才回家。在道場我接觸到許多往生佛事，看到傷心的亡者眷屬，因為佛法加持而能在信仰上建立信心；也在大殿遇到過形形色色拜佛人，有虔誠恭敬者、有惶惑不安者、有祈求許願者……我覺得建立道場成就正信信仰實在太重要了，所以只要佛光山哪裡有建寺功德可做，一定盡力護持。日本本栖寺的建設，除了功德款護持，我先生每年去一個月做義工，修剪花木、整理庭園。

原本往生助念佛事我都是先以佛光會松四分會為主，後來到了香燈組，常隨法師外出助念，就超越了區域性，更廣泛結緣。分會的助念團都是輪班，我沒有輪班，常常都是從頭到尾，關照每一梯次的交通及飲食。有一次接到電話，一位會員的先生在家中往生，我立刻趕去他家，進門看到會員與孩子縮在角落，因為亡者面容青黃扭曲，他們害怕不敢靠近。看到我來，才比較安心，我告訴他們：「不要怕，要走過去對亡者講話，告訴他若還有未了心願，會盡量助他圓滿，讓他心安。」之後蓮友陸續來助念。隔天入殮，亡者臉色變好看，嘴角微笑。家屬非常感念，對佛法也更具足信心。

除了佛事之外，舉凡大寮洗碗、烹煮臘八粥、佛光會服務台值班等，都是我分內之事，體驗義工多元的服務學習，我的人生因而更豐富精采。「未成佛道，先結人緣」，助人行善其實也幫助了自己，如此才能修植福報。二十年來看過無數的生死，得到一個結論，如果沒有福報，就算看得到也吃不到，如果有福報，就算眼見好處從手上流走，其實也會從暗處再流回來。我先生退休後，又被大公司聘請，收入不比從前少，我也退休近二十年了，從來不用跟兒女取生活費，相反地，還可以常包紅包給他們。

近三十年的義工歲月，我獲得珍貴的領悟體證：「捨得」、「捨得」，有捨才能得。

人生三百歲

陳隆陞
玉山國家公園管理處前處長
國際佛光會檀講師

我十歲的時候，有一天走在路上，忽然起心動念想吃素，從有這個念頭開始，吃到葷食就會吐。努力了八個月才說服媽媽讓我長期茹素。

大學參加佛學社，為的是想知道為何小時候那麼強的意念堅持要吃素，渴望了解什麼是佛法。從佛教刊物得知佛光山舉辦第六屆大專佛學夏令營，我興奮報名。到佛光山參加營隊，星雲大師一邊為我們授課，一邊還要去會客，經過寶橋時打腹稿，不論對方是企業家還是來自教育界，他都能與訪客暢談佛法，這一點讓我非常敬佩。

有一天我們成大東哲社計畫要邀

請師資演講，我將星雲大師淵博的知識與深入淺出的講話介紹給社團，大家決定敬邀大師。首先由我去遞申請表給學校，課外輔導主任與教務長都蓋章同意，我連過兩關，第三關最令人緊張，鼓起勇氣走進校長室向校長說明原委，校長看前面兩位老師都蓋章了，也就蓋章同意了。我帶著東哲社員積極發海報宣傳，日子一天一天接近，沒想到來自外界的力量向校方施壓，學校三天兩頭廣播把我叫到教務處，校長問我說法師可不可以不要穿僧服改穿西裝來。我回答說我無法干涉講演者的服裝，接著我請問校長，為什麼基督教的傳教士可以進校園，而佛教法師就不行，校長也說不出個所以然。

這一番波折，竟成為加碼的文宣效果，當天禮堂擠滿了聽講的學生，擠不進來的就在窗外旁聽，師父那天是談禪論道，青年學生對禪宗公案非常感興趣，聽完之後都覺得很歡喜，受到啟發。我想一九七五年，邀請佛教法師到校園講演，成大可能是首開大學風氣之先。

大學畢業後，我進入統一集團工作，建議當時的副總經理林蒼生邀請星雲大師到公司來講演，因為我相信企業人士聽了大師的講演後，必能有所受用。果然師父的講演廣受歡迎，董事長吳修齊也在座聆聽，並闔家熱烈接待大師。

一九九一年佛光會成立，我不久即加入，會長卸任甫任督導長那年，發生九二一大地震，中華總會責成我為九人小組成員，統籌南投區各項賑災工作及校園重建規劃。那時埔里鎮災情嚴重，夜間陷入一片漆黑，佛光會趕緊拉上充滿燈泡的長電線，為孤寂的山城帶來光明。我們送發帳篷、搭建組合屋，籌劃校園重建工程。有一天跟隨星雲大師的賑災行程，我更深入認識了大師的「人生三百歲」。

大師上午主持爽文、坪林兩所小學的落成啟用典禮；下午巡視五所佛光園心靈加油站，其中水里與竹山兩處佛光園恭請大師主持皈依典禮。一整天下來隨同人員皆感疲憊，只有大師自始至終氣定神閒、從容安詳。

大師的身教示現菩薩行，我也自許至少要活出百歲的人生價值。救災期間不眠不休，半夜下雨我會起身到災區訪視，若看到災民在清理帳篷頂上的積水，我們會再贈與保暖衣物與棉被。通宵沒睡，隔天照常時間上班，對賑災的佛光人來說已經是家常便飯。近年來我也到祖庭宜興大覺寺及揚州鑑真圖書館協助法師訓練金剛師兄，以因應素博展中維持秩序。素博期間有許多突發狀況，必須隨機應變，可以說我天天來回走幾十趟，鞋子不消幾天就開口笑，比我爬玉山耗損得更快。但我依然樂此不疲，金剛的發心難能可貴，我告訴大家，金剛是具備信仰的義工，有組織、有訓練、有分工，非僅是一時的發心，而是終身護持人間佛教的義工，我們既要修福也要修慧。大家一起共讀國際佛光會世界大會星雲大師主題演說的文章「菩薩與義工」、「自覺與行佛」等，讓大家更了解佛光會是契合時代脈動的國際性社團。去年的《貧僧有話要說》我也是逢人便介紹。

我有幸遇逢明師，親近大師四十年，能完全聽懂大師的江蘇鄉音，法語滋潤心田，啟迪人生智慧。從大學時期就吃過大師親自煮的麵，師父對青年的慈悲愛護，我銘感五內。當初他為大專佛學夏令營授課時，提到的關於佛光山的建設、未來佛教發展的宏大藍圖，在這幾十年間都一一實現，回憶往事，不禁驚歎大師願力與實踐力真是不可思議。

與病為友

王美麗
澎湖中屯國小退休教師
佛光會澎湖馬公一會督導

醫護人員推我進手術室，我心中默念〈藥師咒〉，麻醉藥效發作，對護士說：「我快要睡著了。」講完眼睛望向手術檯上方的電燈，隱約看到佛陀紀念館的大佛，之後開始沉睡。不知道過了多久，在恢復室慢慢清醒過來，張開眼睛，第一眼看到的還是佛館大佛。那時還動彈不得，只能觀想著自己向大佛恭敬頂禮，雖然還很虛弱，當確信自己平安了，我開心地笑了，不久又沉沉睡去。

術後第七天，走出台北榮總大門，直接搭高鐵南下高雄。先生和女兒陪我到佛館，雖步履蹣跚，心裡卻無比歡喜，走在成佛大道，來到大佛座前謝恩（只能問訊無法頂禮）。醫生告知，肺部手術一個月內搭飛機有風險，為免萬一，選擇搭船回澎湖，回到家裡，急著要做的第一件事情，是看《貧僧有話要說》第三十七說〈我一生「與病為友」〉。這時候再讀，感受特別深刻。

大師說：「任何疾病臨身，要先檢查原因，再給醫師治療，唯有正知正見，以正確的方法面對才是最重要的。」大師一生與病為友，將生死置之度外，所以生病時，也不覺得自己生病，所謂「心無罣礙，無罣礙故，無有恐怖」就能夠「遠離顛倒夢想」。之前有閱讀過此說，這次生病這些話真是特別受用的了，大師說：「疾病也是我們修道的增上緣，不要排除它，與病為友，才是最好。用《金剛經》的話來比喻，可謂：『佛說有病，即非有病，是名有病。』」

海天佛剎的師兄姐們非常關心我的病情，我特別在新春普茶會上，跟人家報平安。我問大家說，如果我中了頭彩，得到幾億元，這是不是好消息？應該是吧！可是幾億元買得到健康嗎？那就未必了。我在短短的個把月時間，體檢發現肺癌，安排手術切除，醫生說我已經抗癌成功了。

這真的比中頭彩還更幸運，所以，在此分享天大的好消息吧。

二〇一六年元月七日下午，我第一次走進台北榮總掛號初診，沒想到胸腔外科許文虎主任馬上安排我住院，一連三天做了各項檢查，並安排一月十一日手術，醫生為我切除了肺部約三乘六公分，檢查結果確定是個零期的原位癌，以後定期追蹤檢查就好，我真的很幸運也很順利。我到恢復室時，醫生把我先生叫去看那個切除的病灶腫瘤，說確定是一個剛長出來的原位癌，發展成嚴密組織後，才會開始蔓延，幸好提早發現。

人吃五穀雜糧，誰不會生病呢？學佛之後，我知道身體的病痛，也是我個人的因緣業力，所以面對肺癌，從體檢發現病兆、諮詢、就醫、手術完成、訓練恢復，一路走來，其實我心裡很淡定，沒有一點驚慌、害怕、抱怨。我一直很坦然、正向面對，甚至沒有掉下一滴眼淚，內心只有一個念頭——「感恩」！感恩佛光會給我一個修福慧的園地。

五年前與住持滿舟法師討論承擔佛光會長任務，那年正好我滿五十歲，於是毅然提早從教職退休，全心投入佛光會務。先生將我的忙碌看在眼裡，曾經納悶地問我：當一個會長怎麼會這麼忙，比我這個做校長的還要忙？」我始終認為，既然接下職責，就要把事情做好。

記得第一次舉辦浴佛法會，我們將規模定位為全縣性的活動。我每天在外面拜會村里長說明浴佛的意義，也邀很多朋友參與。當天是以園遊會的方式進行，除了有佛曲演唱等節目，還附帶健檢的服務，活動非常盛況充滿溫馨，兩千位鄉親們扶老攜幼來浴佛，我們再接再厲又舉辦了多場佛學講座，回響很熱烈，各分會因此增加許多新入會員。

十幾年前父親車禍往生，母親深受打擊悲傷度日，後來健康亮起紅燈，憂鬱傾向愈發嚴重，長期以來，必須靠吃藥打針控制病情。我擔任會長後，常帶著他參加各項活動，他漸漸開朗起來，從此不用打止痛針，更主動要求皈依。媽媽不識字，有一天跟我說很想讀經，我就每天念《金剛經》給他聽，我一直沒有一個定課，感謝媽媽，讓我讀經，幾年下來《金剛經》已成為我的定課。

每天在道場做知賓，天天親近三寶，建立正信，聽師父開示薰習正知、正見，與佛光人一同行三好宣揚正法，獲得正能量，每天「五正具足」。

修福修慧是解脫得度資糧

倪乙琇
屏東市仁愛國小人事室主任退休
佛光會屏東六會督導

當初我要報考公家機關的時候，跟觀世音菩薩發願，若能考上公職，服務滿二十五年退休，只要生活無後顧之憂，必定盡力幫助需要幫助的人。五年前某一天，屏東講堂住持妙璋法師突然打電話跟我談接任佛光會長的事，我還沒有聯想到二十六年前的發願，就任後才想起來，那通電話響起的時日，剛好是我服務公職二十四年半；年輕時發的願從未對任何人提起，但時機因緣如此巧妙，讓人不得不深歎菩薩感應及願力不可思議。

因為未曾擔任過分會幹部就當了會長，一切都是從頭學起，我努力做足功課，也常大聲念出一段《佛光菜根譚》，藉此鼓舞信心與力量：「平常修福修慧，與人結緣，樂於幫助別人、服務社會，都是未來解脫得度的資糧。」

幾次抽籤義工工作，我的分會常抽到大家口中的「籤王」，不是過年大掃除地點是講堂的大寮、齋堂及倉庫，就是新春期間負責雲居樓的行堂，這意味著，我需要號召非常大量的義工人數。新上任的會長經驗不足、沒有義工群的默契，加上我腰椎受過傷，連法師都為我擔心，但每次我都能順利完成任務。因為我告訴會員，春節快到了，佛祖要送我們大紅包，讓我們培植資糧，所以大家要歡喜這籤王，大家覺得很有道理，就去找了更多親朋好友來領這個大紅包。

在輔導法師與督導建議下，我啟動了到會員家中佛光普照的拜訪行程，除了關懷發心的會員義工外，有些只交過幾次會費就失聯的會員，我也將他們列為普照對象，這些人的認同感較弱，不容易有共同話題。幾次站在失聯會員家門口，雖然面對的是冷漠排斥的態度，我還是禮貌問候，微笑著自我介紹。有一次，開門的會員滿臉寒霜，倒是他的先生非常客氣，順著話題談到了佛陀紀念館，氣氛漸漸熱絡起來，他們夫妻後來不但參加佛館建設功德，還回到佛光山巡禮，並且加入雲居樓行堂義工的行列。

國際佛光會中華總會
屏東第六分會會員大會
佛光
BLIA
主席

佛在心中

林玉珠
佛光會板橋埔墘分會會員

我原本是一個自卑的人，因為沒讀過書，不識字。進了佛門當義工，愈學愈多，不管走到哪裡，敲門處處有人應。

一九八八年先生往生之後，我心情鬱悶，終日在家茫然枯坐，隔年堂弟帶我去佛寺，我一進大殿，看到佛祖就像看到至親，眼淚撲簌簌的流個不停，把心裡的苦全都跟佛祖傾訴。一年之後，住在我家附近的一個師姐帶我聽星雲大師佛學講座，地點在普門寺後方一個學校的禮堂，那天星雲大師的開示，讓我終身受用。大師說：「各位護法信徒，大家有沒有孝親感恩、好好教育兒女、夫妻有沒有和諧相處？」我聽了覺得很新奇，原來佛教這麼重視家庭。接下來大師又講了一段話，好像專講給我聽的，他說：「不要有自卑感，自卑就沒辦法將本有的潛能發揮出來；遇到困難也不要害怕，把恐懼丟開，才能展現智慧。」

因為自己不認識字，一直不敢去參加法會，聽了大師的話，我終於鼓起勇氣去普門寺參加法會誦經，進而成為佛門義工。

一九九一年板橋講堂落成，還沒有完全裝潢好的時候，我就去做義工打掃環境。有一天當家法師問我願不願意去大寮幫忙，我問說：「大寮是在南部還是北部？」經法師解釋，才知道佛門將烹調食物的地方稱為大寮。那時還不太會煮素菜，就慢慢學，前前後後在板橋講堂煮了十四年的飯。之後只要有時間，必定就在家裡備好蒟蒻、做許多天堂鳥（紫菜捲）送去道場供養參加法會的信眾。因為道場給我因緣我才能學會煮素食，所以一定要回饋。

後來有一個因緣我到金光明寺去打掃清潔寮房，每星期去一次，遇到有法會，住宿的人多了，增為一星期去兩、三次，我們有將近二十個人的班底，十年來，培養出很好的默契。佛指舍利來台巡迴供奉，我被安排到金光明寺大寮，忙得不亦樂乎。發現學得愈多，愈能成為活動中的一顆活棋。

我也在板橋講堂負責環境清潔工作，從大殿的佛桌、地板到淨房（廁所）的打掃工作。講堂的清潔打掃，我做了十二年，包括大殿的地板也是我在打蠟，為了幫常住節省開支，我特地去學打蠟。因為打掃工作，常常錯過法會後聽法師開示，為了給大眾一個乾淨的空間，我甘之如飴。法會期間我都是七點多就去道場清潔整理大殿，接著去掃淨房。法會進行當中，我會再去巡一次淨房，結束後又再打掃一次。

大師說，遇到困難不要煩惱，「有佛法就有辦法」。像我這樣沒讀過書的人，竟然法師要我幫忙組織讀書會，我向法師表明說我不認識字，法師說：「沒關係，你很有責任感，我們對你有信心。」這番話給我莫大鼓勵，我也想起大師曾經勉勵信徒要懂得「把握當下因緣」。我擔任香丘讀書會召集人，連續十年沒間斷。《一池落花兩樣情》、還有《星雲法語》套書，大家都讀得津津有味，地點有時候在我家、有時候在公園，一學期當中我們也會組團參訪佛光山別分院。因為參與讀書會，我認識了許多讀友，在我家中共讀時，我會準備素食讓大家藉以聚餐聯誼。

有一位讀友的公司缺清潔人員，問我可不可以去做，我說這是我的專長，其實一個星期才去兩次，薪水一個月四千元，但我還是去做，為的是接引這位讀友。這個讀友是我們讀書會的全勤獎得主，他很精進，後來去求受三皈五戒、菩薩戒，還跟我到佛館去參訪。他本身罹患三種癌症，他說我常掛在口頭上的「有佛法就有辦法」，對他幫助很大。有一天我在公司清潔打掃，老闆娘來跟我說抱歉，因為員工常常沒有將衛生紙對準垃圾桶，滿地的垃圾讓我很難處理。我回答沒關係的，偶爾會丟不準，這自然的。老闆娘說你們學佛人好慈悲哦！後來他加倍給我年終獎金。我本著三好運動做好事、說好話、存好心，到處都受歡迎。

我今生最大的福報就是能追隨大師，大師教導我們，佛在心中，要將佛性拿出來用。

雖然先生往生了，但和小叔、大伯一起奉養婆婆的責任，我依然樂於承擔這份天職。家族當中誰有急難、或者有人往生，我都積極去幫忙，也曾搭高鐵南下去為親人助念，所以家族的人對我學佛，都非常讚歎，對佛教也很有好感。

從小在農田裡忙，結婚後為家務忙，中晚年到佛門當義工。我跟法師說，我不怕髒、不怕累，會盡力做好義工工作。看著自己粗糙的雙手，很欣慰這雙手很有用，廣修福業，二十多年義工生涯可以為這麼多人服務。

不忘初心

莊春淑
服務於海軍馬公後勤支援指揮部
佛光會澎湖湖西分會會長

小時候跟媽媽去明見寺誦經、做佛事，對佛教道場有一份濃濃的親切感。

媽媽每年佛光山信徒香會（農曆二月一日），都會跟著澎湖海天佛剎的團回去高雄佛光山。四十幾年前有幾次我也跟他一起去，記得那時我跟著大家排隊等候星雲大師賜我們香板，覺得很稀奇。

結婚嫁到基隆，十年之後婚姻觸礁，那時我才三十四歲，孩子還小，為了尋求心靈安定，一九八八年開始常到極樂寺去禮佛、參加法會活動，女兒六歲就常跟極樂寺法師在一起。那時候最期待週六的念佛共修，不但可以唱梵唄誦經還可以聆聽法師開示，法師所講的「因緣果報」的道理，對我非常受用。先生外遇導致離婚收場，生命中泛起層層巨大漣漪，不能說完全沒有心結，懂了因緣法之後，我全然放下過去陰霾，整個人快樂起來。在佛光大家庭中，每天都能從服務奉獻中創造有意義、有價值的人生。我也主動在兒童夏令營做愛心媽媽，照顧小朋友。說來也是巧合，我在極樂寺看到法師那麼忙，心想要是我們在家眾也能組織起來協助法師弘法該有多好，隔年大師就成立佛光會。

不久承接基隆中山分會創會會長，義工參與就更豐富了。中山分會獲得總會表揚為優秀分會，我們備感榮耀。謹記大師教我們的「不忘初心」、「不請之友」，我就是按照這樣教導在學佛路上前進，我喜歡佛光會中集體創作的精神，做愈多義工工作，收穫就愈多。

二〇一一年因為母親中風臥床不起，我擔心大嫂一個人照顧不來，急著請調回澎湖，軍中調單位不是很容易。我每天誦十部《普門品》。跟觀音菩薩祈求祝禱，發願若能回澎湖，一定秉持在基隆參與佛光會與道場的發心，在澎湖為人間佛教貢獻心力。不可思議地，很快的那個關卡就過了。

才剛回到澎湖，住持滿舟法師就來跟我談接會長的事，不久我在佛前宣示承擔起馬公第二分會長任務；真的是菩薩再度為我指路，到了二〇一六年，我又接下湖西分會長的任務。雖然我在基隆已經是督導，但回來連續接下兩個分會長職務，我覺得應該當仁不讓，把握為眾服務的機會。我一向喜歡跟老菩薩在一起，他們的發心、虔誠，非常值得我學習，擔任會長，就有更多機會可以親近、照顧這些老菩薩。

因為我在佛法中有很多受用之處，所以也樂於給人因緣，擔任佛光會會長，就更能為眾創造更多好因好緣。我想我的經歷很特別，從台灣跨海到澎湖，一共做了三個分會的會長，奇妙的旅程，幫助我揮灑精采人生。

基隆跟澎湖的民風不一樣，澎湖人早睡早起，所以我下班後想去拜訪會員，也沒辦法，只好利用週六、日白天去辦家庭普照。澎湖民風很單純，這裡信道教的人比較多，我會學佛是因為我祖母很早就受菩薩戒，他年紀大了以後沒辦法去圓通寺拜佛參加法會，我母親很孝順，代替祖母去禮佛，就這樣我母親也成為虔誠佛教徒，我於一九九一年回山求受菩薩戒，信仰傳承到我，三代都是菩薩戒子。

調回澎湖，一方面可以在佛光會中發心，一方面也可以陪伴照顧母親，每逢佛誕、法會，我會載媽媽到海天佛剎，再抱他坐上輪椅進到大殿，媽媽常跟我談他當初學佛的豐富歷程，母女共同在佛道上精進，其樂融融。回到澎湖，因為分會精緻化，一個分會分出三個分會，很多會員不認識我，覺得生疏，後來有認識我的人跟大家說，「春淑會長是蓮姑的女兒」，會員們對我又多了幾分親切，更加護持分會，媽媽幾十年來在佛門廣結善緣，我託他的福才能更順利地發展會務。

我為了母親請調回澎湖，每天餵食飯菜、親事湯藥、陪伴談心，去年獲得第四屆「菊島孝揚獎」，願將一切榮耀歸於佛陀、佛光會。

佛光山與佛光會是鳥之兩翼

宋孟政
政陞實業股份有限公司負責人
佛光會中華總會中區協會委員

是我同修先加入佛光會的，其實剛開始我們只知道佛光會應該是一個慈善團體，他有固定交會費，每逢海線舉行行腳托鉢時，我們會隨喜功德，其餘就沒有什麼互動。

二〇〇二年十九歲的長子車禍往生，我每天以淚洗臉，為了尋覓愛子骨灰安奉之處，勉強打起精神。一天清晨我走到了妙法寺，清晨中蟲鳴鳥叫聲、空氣中瀰漫著淡淡的青草香，我想就是這裡了，相似於極樂世界的所在。那時候還不知道妙法寺是佛光山的分院，滿方法師為我開示，那是我第一次遇見佛教的法師，才得知妙法寺是佛光山的分院。孩子驟然離開，我哀傷不捨，唯一信念是能多回向給他多一點功德，每週的共修法會，連續八年，我們夫妻不曾缺席過一次。孩子離世，我痛苦到必須看精神科，久久走不出來，是法會共修幫助我從接受、放下到轉念，重拾我正向人生。我理解到，要放下才能再提上來，最後終於豁然開朗，那時看佛光山就像看到燦爛陽光，看到一切人眾都覺得是善知識、良師益友。我非常認真聆聽法師的開示，信受奉行一段時間後，我觀察到自己起心動念都是善念，看佛光山的每一景，每一物，都是充滿歡喜的驚歎號。佛光山今日能弘傳五大洲，其實當中有許多不為人知的艱辛困難，大師帶領弟子們常以忍辱負重的心情在承擔開創佛光世界。有時我也很感慨，自己才六十幾歲，大師已經八十幾歲，還總是走在前面，為我們開創道路，大師一生不忘初心、不懼困難的勇氣，真是時代典範。

有一次跟團回佛光山聽星雲大師開示，了解到佛光山與佛光會如同鳥之雙翼，回家深度思考之後加入分會。看著大師堅定的步履，思考著自己的未來，我原本是個自了漢的性格，既然佛光山與佛光會是鳥之兩翼，那麼我到佛光會發心，應該功德回向力與法會是一樣的，我跟太太還有兩個兒女都投入佛光會活動。滿方法師、覺祥法師給我的法語，幫助我將心安定下來，我從《星雲日記》、《普門雜誌》，乃至近期的《貧僧有話要說》，領悟出很多道理，大師寬闊胸襟、偉岸如山的氣度，以及超然的智慧，為佛教界化解了重大危機。很有福報我遇到了一代偉人。

我們海線的師兄師姐、義工菩薩的精神，在在令人讚佩！每年春節大年初一，固定兩部遊覽車回佛光山做義工，男眾金剛指揮交通、女眾師姐就負責整理寮房和雲居樓典座行堂，佛館落成後，禮敬大廳地下室的齋堂，也是我們的服務範圍。我個人受陳嘉隆理事的影響也很大，他不斷鼓勵提攜我，記得二〇〇八年大陸四川汶川地震，佛光救援隊前進災區救災，他帶我一起前往進駐到最遠的重災區青川縣木魚鎮，只見滿目瘡痍、慘不忍睹，令人心痛不已。佛光救援隊所帶來的醫療、物資、救援，以及來自人道關懷的心靈慰問，為災民帶來強大的支持力量。許多災民跪地痛哭，看到法師如同看到菩薩，抱著法師掉淚。我深刻體會到大陸同胞太需要佛法了，想到大師一生為眾生、為弘法、為兩岸和平，受到種種刁難、惡意毀謗，不禁淚如泉湧。

海線的佛光會非常團結，找義工都不難，連續十幾年的百萬人興學行腳托鉢已成每年的例行活動。我跟弟弟、弟媳都在一起經營事業，他們每天看我們夫妻忙於佛光會務，漸漸對佛光會也有所了解，尤其有一次行腳托鉢，弟弟擔任司大鼓的工作，信眾的虔誠及如法如儀的程序，都讓他有所觸動，不久弟弟全家都自動要求加入佛光會。

有一年，我們有一輛車需要汰舊換新，原本打算買一部較好的轎車，後來討論到許多會員因為交通不便無法順利參與各項義工服務，於是兄弟就達成共識，決定買一部二十人座的中巴，作為共修法會的專車，師兄師姐們在車上分享法喜，就像是一個行動教室，不會有一般遊覽車卡拉OK的干擾。

我在二〇〇八年被推選為清水分會會長，兩年任期圓滿由太太接下會長任務，之後因緣非常殊勝，我弟媳、弟弟也陸續成為佛光會長，我們家族一共承擔了八年的會長職務，一家有四個督導、會長。擔任佛光會長，讓我們更懂得虛懷若谷的重要，因為佛光精神就是集體創作。可以說，我這一生最大的受益，來自於加入佛光大家庭。

友人好奇，我們要經營事業、照顧家庭還要兼顧佛光會務，怎麼做好時間管理，說來滿神奇的，可能因為我們求法若渴，不想錯過任何法會，龍天護法都會幫我們調配好，讓我們每場法會、活動都能順利圓滿功課。

佛光會救援隊
BLIA

給的精神

王水枝
鑫百豪股份有限公司負責人
佛光會高雄三民一會會長

我以前自認是一家之主，孩子們一切都得聽我的；學佛後，懂得尊重包容每個人的想法，我跟孩子說：只要合法、合理，你們往自己的興趣去發展，爸爸都隨喜。兩個兒子非常讚歎佛光會，如今看到父母在佛光會中服務奉獻，忙得歡喜忙得快樂，都感到安心。

我太太是我的善知識，二十多年前他每週六晚上去普賢寺共修，回到家都笑咪咪的，我原本在心裡嘀咕：「都把小孩丟給我，自己跑出去。」可是當我看到他踏進家門笑容滿面，取而代之的是一份好奇心，到底什麼是共修？

後來南屏別院建成，孩子也比較大了，不用我在家看顧了，常主動開車載太太去共修，等到九點鐘再去接他回家。回程中他總會在車上跟我分享今天師父開示說什麼，有時他上車忘了講，我會迫不及待問他：「師父今天說什麼？」

一天晚上載他去南屏別院，下車時遇到滿益法師，法師邀我一起上大殿去共修，我不好意思推辭，生平首次踏進佛殿，參與誦經、聽開示。太太很高興，看我願意去共修了，就將《心經》、〈大悲咒〉、〈往生咒〉放在我辦公桌上，叮嚀說背起來，這樣才能跟得上大眾誦經的進度。我很認真都背起來了。

有一天同修約我去受三皈五戒，聽到這個「戒」字，我覺得非常嚴肅，心想那不容易做得到的，同修為我解釋何謂五戒，我聽完：「這不是我們做人的根本嗎？為什麼還要有一個儀式？」受了戒之後，我才發覺，雖然五戒是做人的根本，但經過求戒的過程，我在生活中就更謹慎、注意不違犯戒律。尤其我是做建材生意的，特別警惕自己，絕不可以給客戶劣質的貨品。客戶看到我家供奉觀音菩薩又有星雲大師的墨寶，知道我是佛光人，對我也更信任了，包括一些信仰基督教的客戶，也放心跟我做生意。

受三皈五戒之後，同修叫我要加入佛光會，沒多久分會幹部改選，共推我當副會長，我想這是個「閒差」就答應了。一年多以後因會長健康出現問題，法師與會員期許我代理會長職務，我認為這是義不容辭的事。幾個月後選舉，我獲選為會長，這樣加上連任，至今已經做了四年的會長了。法會後法師開示，對我來講很重要，我主持佛光會議時，常常引用。

愈親近佛光會，就愈喜歡人間佛教，尤其星雲大師的「人生三百歲」，去年閱讀大師的《貧僧有話要說》，真是佩服得五體投地。看他老人家席不暇暖地在弘法，我也不敢懈怠，佛光會長都體認到忙就是營養，參加法會、佛事、做義工，每天都是分秒必爭。我常常一邊在公司開會，一邊在分配會員義工工作，日子過得非常充實。佛館落成後，因為南屏別院離佛光山很近，所以各分會每週出動義工支援佛光山佛館行堂的人數也很相當。每天不管忙到多晚，我跟同修回家後一定做晚課，常常都是晚上十點半才做晚課。

佛光道場是我們第二個家，每天面對這麼宏偉的殿堂，看著這麼多善信人潮，常常在想，佛光山是本著什麼因緣，才成其大的呢？細細觀察了幾年，我獲得一個結論，佛光山的一切是「給」出來的。大師凡事就是歡喜給人，付出愈多，反而收穫更多。初到南屏別院參加法會，看到常住送每個信徒大悲咒水、饅頭、包子，我問法師，有需要「給」這麼多嗎？法師說，這些都供過佛，就是將歡喜和平安送給大家。我想自己是佛光人，這點我要學起來，做生意上面，我就少賺一點，給客戶多一點方便。公司員工也很喜歡我學佛，因為我學會了「給」，發給他們的年終獎金更加豐厚，員工收到嚇一跳，還會跑回來問我：「老闆，你怎麼給我這麼多？」

我說感謝你們為公司奉獻心力。後來分會辦浴佛法會及臘八粥結緣，員工也都樂於出來共襄盛舉，主動認領交通運輸、布置等義工工作。我發揮「給」的精神，用在家庭、公司及佛光會務上，真是皆大歡喜。

以前我脾氣不好，很急躁，管人管習慣了，也容易罵人。加入佛光會之後，所謂帶人帶心，我開始反省，罵人發脾氣，其實效果也不是很好。

佛門強調慈悲柔和，何不試著用溫和的方式待人處事。員工跟經銷商都說我的脾氣變好了。我用讚美來代替以前的暴躁，周遭的人都感受到了我的改變。

我因人間佛教翻轉了人生，加入佛光會，是我這一生中，做得最正確最有意義的一件事情。

將信仰傳承下去

林秀珍
嘉義南興國中退休教師
佛光會嘉義教師分會會員

我是國中升學班的導師，長期嚴厲督促學生課業，臉上表情比較僵硬，不苟言笑。當年南興國中很多老師想度我入佛門，我總是不為所動。退休後大家各忙各的少有聯絡，後來看到我穿上佛光會服，都感到驚訝，歎道：竟然有人能度化得了我。

圓福寺有一位慈悲的覺勛法師，嘴角永遠掛著微笑，不管我如何面無表情、冷淡以對，但他就是一貫的熱誠招呼。我的表情一向都是冷冷的，也沒有什麼回應，但師父就是那麼謙遜祥和，一次又一次，看到我，遠遠地就會跟我揮手致意，親切笑容帶給人暖意。我得度的因緣是因為遇到這位師父。

嘉義教師分會長邀我入會，我也覺得時機成熟了。浴佛法會時，我洗菜、切菜、包便當；佛館建設期間，我也回去出坡撿石頭、中區佛光協會運動會時，我擔任檢錄組，高興能發揮所長，更融合於大眾中。

我姐姐是一個虔誠佛教徒，他從國小教職退休後，每一年圓福寺的梁皇法會，都會特地從台北南下嘉義，帶我一起參加。其實我的信仰基礎並不穩固，直到有一天，分會組團參訪佛光大學，進到宗史館，我抬頭看到一段文字，受到極大震撼，那是人師的一段話：「我一生中最大的幸福是當和尚，但願來生，還能再做和尚，甚至生生世世我都要做和尚。」讀後我深受感動頓時紅了眼眶。

八年前我先生往生，骨灰安奉於圓福寺，承蒙常住慈悲，為我先生舉辦追思會。那時道場正計畫開辦「夜光天使」課後輔導，問我可不可以幫忙帶，從此我每週一到週五下午四點到晚上七點，都在道場帶十幾個國小一到六年級的小學生。除了指導他們寫作業，也幫他們預習功課。因為師資不夠，我就商請南興國中的同事以及嘉義教師分會老師一起加入，成效很好，小朋友功課進步很多，其中還有幾個進到全班前三名。後來佛光山文化院需要人手幫忙校對，我就又上山做義工，一住就是七天、十天。因為常掃描《覺世旬刊》存檔，間接閱讀了很多關於佛光山開山的歷史，對我影響非常大。

幾年間在圓福寺、佛光山進進出出，常常看到做義工的師兄師姐，任勞任怨一心為眾服務。相較於他們的發心，想想自己會開車，體力也不錯，對於大眾的事務關心太少，不禁心生慚愧。我是體育科班出身，田徑場上分秒不含糊的風格，間接影響我的待人處事，一向講求道理準則，無法接受被誤解的委屈。在佛光義工身上，我看到他們遇到挫折困難，沒有生起一點瞋恨心，耐力十足使命必達，真的打從心裡佩服他們。

我是一個不容易度化的人，因為心中有很多尺度。從法師的慈悲到閱讀星雲大師的著作《無聲息的歌唱》，讓我開了眼界，原來星雲大師年輕的時候，也曾以這麼輕鬆活潑的方式，帶領讀者走進法器擬人化的對話中，藉由這本書，我看到了大師的智慧、幽默，還有一分清淨純真的赤子之心。有一年教師佛學夏令營期間，大師為來自全台灣教師講話，時間很長，慈容法師擔心他太累，請他休息一下，但大師不願休息，堅持要為大家多說幾句話。我當時真是又感動又感激。三年前有幸與圓福寺法師一起帶里長回佛光山參訪，知道大師重度感冒，我遠遠地望見他坐在輪椅上，只一眼，眼淚就簌簌掉下來。大師辛苦弘法，為眾生付出一切，猶如觀音菩薩聞聲救苦。這次大師以九十高齡親自護送北齊釋迦牟尼佛佛首返回中國大陸，玉成「金身合璧」美事，傳達了人間佛教和平、大氣的內蘊。我能體會大師心繫兩岸文化交流，非常敬佩他的寬大胸懷。

二〇一一年八月報載，一名男愛滋感染者墜樓腦死，家屬不知他有愛滋病，善心捐出器官，當時檢驗結果他呈現愛滋病毒陽性，但台大醫院器捐移植小組人員在電話確認過程時，竟在通報「reactive」（陽性）時，誤解為「non-reactive」（陰性），致使台大、成大醫院共五名病患被移植愛滋患者的器官。

我的女兒是醫生，他參與了那次的心臟移植手術。我焦慮不已，不顧颱風天，開車南下佛光山，一走出雲居樓停車場，第一個遇到的竟然就是覺勛法師，我驚喜不已，立刻跟他分享心事，我說：「在這個時間點遇到您，真是太好了。」法師安慰我：「菩薩都會為我們安排好的。」我一顆懸著的心，在那一刻放下了，覺得鬆了一口氣。

佛光會每年於佛陀紀念館大覺堂舉辦佛化婚禮，二〇一五年女兒、女婿與來自全球幾百對新人一起，在佛前接受星雲大師福證，完成終身大事成立佛化家庭。我感到無比欣慰。佛光山法師平易近人，梵唄唱誦、講經說法更是令人讚歎，聽經聞法時，包括參加福慧家園共修會，我都如沐春風。人生在世，有正信淨化的信仰最重要，我要將信仰傳承下去。

轉念 世界就改變

林俊惠
連江縣立介壽國民中小學校長退休
佛光會馬祖分會督導

我愛看書，每回到台灣公共場所看到結緣佛書的書櫃，都會抽幾本帶回馬祖，就這樣陸續讀到了《普門品》、《阿彌陀經》、《藥師經》。後來工作填履歷表，宗教信仰那一欄，我都填上「佛教」兩個字。其實我那時候還沒有皈依，算不上是一個真正的三寶弟子。

加入佛光會是我學佛很大的契機。馬祖分會創會會長曹金平，是我讀初中時的導師，對我非常關照，他後來擔任馬祖高中校長，我大學畢業那年，他極力爭取，讓我回馬祖高中教書。一九九四年的暑假，曹校長有緣去佛光山，蒙星雲大師接見，囑託成立佛光會馬祖分會。一九九五年三月十六日，這一天對我意義重大，心定和尚蒞臨馬祖主持佛光會馬祖分會成立大會，同時為大眾主持甘露灌頂皈依三寶典禮。我終於皈依成為一個正信佛教徒。

二〇〇五年我從連江縣立介壽國民中小學校長任內退休之後，常參加佛光會的活動，每次回佛光山參加研習，都是滿心歡喜，忘卻煩憂。二〇〇九年擔任會長，會員雖有一百六十幾位，但實際參加活動的大約只有一半，另一半是住在莒光島，莒光往返南竿交通很不方便，航程大約一小時，每逢浴佛節、歲末聯誼，我們會過去舉辦慶祝活動。很高興在南竿這邊，我們前年有了一個聚會的定點「馬祖佛光緣」，可以定期在農曆初一、十五，菩薩聖誕時舉辦法會。去年農曆七月開始，我們就在孝道月每週誦一部《地藏經》。每一次法會結束後，我就分享一篇星雲大師的文章，並提醒大家一分誠敬得一分利益。因為我們沒有師父帶領共修，所以只能依靠法音清流CD，跟著唱念。原本大家都是隨意穿著來參加共修，我鼓勵大家穿海青莊嚴壇場，並先以身作則，之後慢慢地，二個、三個，現在愈來愈多人知道要著禮佛衣進佛堂共修。

幾年前有個週末，我半夜騎摩托車回家，不知道為什麼行經到一個常肇事路段時，人就昏昏沉沉睡著了，車子失去動力，我也摔得頭破、鎖骨斷裂，然而自己竟然可以迷迷糊糊走回家。摩托車就這樣倒在路上，安全帽、駕照掉落一旁。一群阿兵哥經過，撿起駕照送到派出所，派出所所長是我的學生，很緊張打電話給我，我回答「沒事」。我太太那日正在台灣受訓，平常他去台灣都是週日下午才會回馬祖，但那個週日清晨四點，他心神不寧，就趕緊買了機票回馬祖，回到家看我手臂流著血，立刻送我去縣立醫院，然後他再去派出所拿我的證照，我告訴他少了一張「觀世音菩薩」相片。經過醫師簡單處理，必須到台灣進一步手術治療。

在回家拿行李的路上，經過我摔倒的地方，在陽光照射下路面有一個光點閃耀著，走過去一看，那正是我隨身攜帶的「觀音菩薩」相片，我跟同修說，菩薩保佑，所以沒出大事。

一般來說，週日各科主任很少看診，可是我很幸運，那天榮總的骨科主任在醫院，就立刻為我治療。

從那次之後，我更發心為佛光會盡心盡力。二〇〇七年我回佛光山參加水陸法會，與師姐們一起向定和尚請法，恭請和尚到馬祖來主持燄口法會。二〇〇八年馬祖地區舉辦第一次燄口法會，佛光會員總動員，從布置到香燈，跟隨法師完整學習。二〇一二年再辦第二次，我們就有概念了，那時盛況空前，有三百多位鄉親參加，還有八十幾人皈依三寶。

我是被星雲大師的精神所感召，人間佛教的理念我非常認同，早期佛教給人的感覺是逃避現實，而大師教導我們要將佛法運用於生活中。我學佛之後，親朋好友都說我變得比較積極樂觀了。其實我人生最大的功課是面對母親，他的脾氣非常倔強，讓我從無所適從到痛苦不堪，母親聽不下一句不順耳的話，種種硬脾氣行徑，曾讓我心灰意冷，陷入嚴重憂鬱。學佛之後，我一心切記父母恩重難報，一定要修忍辱。有一個高齡的母親健在，也是我為人子的一種幸福。許多善知識勉勵我說，最好的方法就是「轉念」改變自己。而我也努力學習，精進修持，將功德回向給他老人家。

生命教育、生活倫理非常重要，未來我想向中華總會申請「生命教育的十堂課」，請檀講師到校園傳授生命教育，嘉惠更多學子。

不要做焦芽敗種

湯昭子
曾任雅麗服裝服裝設計師暨負責人
佛光會苗栗四會會長

一九八〇年代電視台能有佛教節目，非常稀有難得，電視製作人周志敏幫星雲大師錄製《每日一偈》、《信心門》等節目，我看了之後非常感動。有一晚帶著三個稚齡的孩子，搭半夜十二點的火車南下高雄，抵達高雄剛好天亮，再轉搭公車上佛光山，在朝山會館受到法師親切熱忱接待。我請購了《阿含藏》、《星雲大師講演集》帶回家。

一九八七年，慶祝佛光山開山二十週年，一〇八位法師由台北啟程，展開為期一個月的「台灣南北行腳托鉢」，走到了苗栗區，真高興我又能與佛光山銜接上了。同年佛光山於苗栗地區成立分院明崇寺，我歡喜不已，每週買菜送過去，法師告訴我佛光山傳授在家五戒菩薩戒，我立刻報名。戒會中慈嘉法師、永本法師講戒很詳細，語氣慢條斯理攝受人心。我之後又參加兩期的短期出家修道會，都是充滿法喜。

大師的《星雲大師講演集》影響我最深，「不要做焦芽敗種」這句話，我謹記在心。並且以此作為孩子們的身教言教，從不散心雜話說人是非，用好的行誼做好孩子們的榜樣。大女兒長大後，我送他去佛光山叢林學院就讀，他之後進入南華大學生死學系所。小兒子我鼓勵他到「佛光衛視」（「人間衛視」前身）工作。佛光山建設苗栗講堂，乃至後期的大明寺，我邀約許多老菩薩包粽子、菜包等義賣建寺。

在苗栗講堂時期，我承擔起佛光會頭屋分會創會會長任務，記得成立大會那天，恭請總會長星雲大師親自主持授證、授旗、授印典禮，我於佛前宣誓就職。主持佛光會相關會議時，我也是經過多方揣摩才慢慢熟練。我二十三歲就會做衣服，後來在苗栗市區開了一家服裝店，有八個裁縫師傅，四十幾年前成衣還不普遍，我是做女裝的，很多太太、小姐來量身訂做套裝，我手工很細，設計上也都能符合他們的審美要求，所以有許多固定客戶。成為佛光會長之後，常勸他們除了穿著上要典雅大方，人生路上也要懂得培植福德因緣，這些女眾很有善根，好幾位就跟著一起訂閱《人間福報》，加入佛光會。

承擔佛光會長任務時，先生很護持我，主動說要做分會的財務。我一直有訂《覺世旬刊》、《普門雜誌》，看完後就放他桌上。他退休後，我鼓勵他去受五戒，他切實遵守戒律，馬上戒菸、戒酒；有會員親人往生，他也會跟我一起去助念。我們家固定我做早課，他負責做晚課，共修法會我們夫妻幾乎沒有缺席過。本著「常住第一，自己第二」的精神，我五十歲之後就將生意慢慢收編，專心護持佛光山、佛光會。在頭屋會長任內，最高紀錄曾邀集四百位鄉親，坐滿十部遊覽車浩浩蕩蕩回佛光山參加春節平安燈會。

我很認同星雲大師說的「錢，用了才是自己的！」我一直不會很在乎錢，覺得錢要用在有意義的地方，能夠有布施種福田的機會，都非常珍惜。尤其百萬人興學義賣活動我們全家更是不遺餘力護持。

二〇〇八年汶川大地震發生，我與佛光救援隊一同前往災區賑災，當地日夜溫差近二十度，有一週的時間大家沒辦法洗澡。進出山路非常危險，餘震不斷，大家一路用心念佛。我主要負責烹調食物，因為四川人口味較重，後來我就邀當地人跟我一起煮，這讓我更進一步體會到「隨順眾生」與「廣結善緣」的深遠意義。

多年來我也在大明寺社區大學教授服裝設計打版製作，我教學從不藏私，都是盡心傾囊相授，學生們感受得到我的用心，一學就是好幾年。最近我因為脊椎動手術，行動不便，背部常感疼痛，但並沒有荒廢教學的職責，學生看在眼裡，就更認真學習了。

我雖然一心念佛，但未曾發願要往生阿彌陀佛極樂淨土，因為星雲大師說他來生還要再做和尚，甚至生生世世都要做和尚，所以我發願生生世世來娑婆世界護持星雲大師弘法度眾。

眾生皆有如來智慧德相

林慶
佛光會岡山一會督導

從小媽媽常帶我去佛寺，因此對拜佛、念佛有點概念。三十幾年前從台東搬到岡山，周羅漢居士邀我參加岡山念佛會，我立刻應允。我先生在高師大教書，願意支持我學佛；孩子們都懂得用功讀書，自動自發學習，不用父母操心。家庭給了我很好的因緣，讓我能勤於佛法修持。

那時要請星雲大師講演，沒場地，我們就去租借夢時代的會議廳。記得我還曾被分派擔任宣傳車的廣播員，行進大街小巷，我跟鄉親們報告好消息「大家趕快來聽星雲大師講經！」第一次做這樣的工作，我是興奮滿心歡喜，機緣難得！佛祖那麼慈悲，佛法這麼好，大家要趕快來聽經聞法呀。

之後因信眾日漸增加，一九九一年大眾懇請佛光山星雲大師在岡山設立佛光山分院，擴建道場，以廣度眾生，並定名為「佛光山岡山禪淨中心」。三十年來，可以說從岡山念佛會、佛光山岡山禪淨中心，一直到現在的佛光山岡山講堂，所舉辦的法會、活動，我都熱心參與護持，也常跟會員結伴上佛光山到大寮撿菜、洗碗，義工生涯留下許多美好回憶。

周羅漢師兄曾對我說：「如果有一天我不在了，你要繼續鼓勵大家精進。」沒想到他真的比我早出發去到阿彌陀佛極樂淨土。我非常讚歎他們夫妻信仰傳承，二十幾年前送唯一的女兒出家，現在幾個兒子也都是優秀佛光人，大兒子更成為佛光會檀講師。

我也曾承擔佛光會岡山分會長的任務，印象最深刻的當數參與助念佛事，有時一去就是一整晚。我不害怕看到大體，我一到都先跟往生者說話，看著他的臉，輕聲地說：「我們來為您助念，您要跟著一心念佛，順利去到阿彌陀佛極樂世界，跟隨阿彌陀佛精進學習，然後趕快乘願再來。眾生這麼苦，需要多一些人來幫忙度化，幫助建立佛法正見，眾生才能夠離苦得樂。」因為佛光人誠心助念，許多亡者家屬深受感動，都說要加入佛光會。一直到我佛光會長卸任，還持續好幾年帶領助念團。

我對佛教這麼虔誠，主要是讀到當初釋迦牟尼佛在菩提樹下，金剛座上成等正覺，證悟到宇宙人生的真理時，他說：「奇哉！奇哉！大地眾生皆有如來智慧德相，只因妄想執著不能證得。」這一段太讓我驚訝讚歎了，「佛」與「眾生」竟是平等無二的，這樣的平等觀，我聞所未聞，實在太偉大了。我每次想到佛陀割愛辭親經歷種種艱苦修持，為解救一切眾生的苦難，就會感動流淚，真是無限感恩啊！我常勸人，人身難得今已得，佛法難聞今已聞，大家一定要好好學習佛陀的慈悲、智慧，才不枉費今生來此一遭。

不住人我是非中 要住清淨無為裡

黃佑南
勝南美髮材料行負責人
佛光會普門寺金剛一會督導

我天生不懂得如何拒絕人，定和尚說我這樣的個性在佛門最好！在父母心目中，我是個乖巧聽話的兒子。

少年十五二十時，我的青春沒有留白，十六歲的我都在做些什麼呢？青少年時期，我一點兒都不躁動，反而像澄藍的天空，充滿著清朗安詳。假日常跟著媽媽去普門寺參加法會、在大寮做義工。

十九歲遇到現在的另一半，二十歲就結婚了，感謝佛菩薩，妻子是個虔誠佛教徒、從小就吃素，賢慧又有共同信仰，我母親非常歡喜。

我後來做生意，在生意場中結交

了許多朋友，我那天生不懂得如何拒絕別人的個性，在此時成為最大弱點，我很重視朋友，朋友邀我去哪裡我就跟著去哪裡，看電影、唱卡拉OK，也學會了喝酒。太太很擔心我學壞，每天在佛前為我回向。

一九九五年佛光山總住持心平和尚往生，母親帶著我的小女兒去參加追思悼念儀式。他們回家時，我正在睡午覺。很奇怪地，似睡似醒間，我聽到有人敲門，就去開門，一看是平和尚，他鼓勵我要去普門寺加入「金剛組」。夢境如此真切，我謹遵教誨，立即行動前往普門寺，很巧的金剛組長熱心邀我加入行列，那年我二十九歲，應該是金剛組最年輕的成員。加入金剛組之後，常需要協助法師布置法會壇場，忙完回到家，心中總是會掛念還有一些瑣碎細項沒有完成，法師們一定還在忙。於是就發願，自已一定要更投入道場義工工作，減輕法師們的負擔。三十一歲獲選為佛光會金剛一會會長，有了更大的學習空間，我的事業比較能彈性自行調配時間，所以一個月當中有二十幾天都去道場，除了分會事務外，道場法務、總務工作我也積極承攬。清晨時分載典座人員到果菜市場採買新鮮蔬果、送貨等等，都成為我分內之事。還有我很適合做交通組，常常接機送機，很有福報，常能接送定和尚、培和尚、保和尚，尤其與定和尚因緣特別好，我天生不懂得如何拒絕人，定和尚說我這樣的個性在佛門最好，在外面的話會有危險。星雲大師也曾提過，為師長們跑腿辦事，可以學到許多做人處事的道理及經驗，真的我印證了這個說法。因為常載定和尚去機場，他常慈悲為我開示：「凡事站在別人的立場去設想，心量才會大。」也說：「不要住在人我是非中，要住在清淨無為裡。」更勉勵我要常參加八關齋戒，那天起我固定每月在普門寺受持八關齋戒，幾年來從沒有間斷過。

我原本有氣喘的毛病，在佛門做義工愈做愈健康。四十歲那年，我氣喘病發，嚴重到掛急診住院，到病房中休息時，清晰感覺到西方三聖阿彌陀佛、觀世音菩薩、大勢至菩薩陸續走進來看望我，他們身上散發光明。我又高興又激動，清醒過來後大哭一場，氣喘病情竟然不藥而癒。醫生之後檢查，非常不解，為何我不但完全恢復，而且比正常人狀態還要好。至今十年了，未曾再發病，與諸佛菩薩感應道交，微妙靈應真是不可思議！擔任交通組義工後，馬路就是我的菩薩道，我的車子成為大乘，接到清晨三、四點的接送任務時，我就將這項出勤當做早課。平常誦持《金剛經》，遇到不懂的地方，就向定和尚、普門寺法師請教。作為佛門義工，我終身受益無窮。

青少年時期，母親帶我參加大悲懺，後來我太太帶小女兒參加法會，我們家已經是三代信仰傳承了，全家護持佛法，共同培植善緣福德，母親覺得很歡喜很欣慰。

做一個歡喜菩薩

莊燕雪
師大附中行政人員退休
佛光會中華總會北區協會委員

記得一九八六年懷第一胎時，醫生說胎位不正，我心裡忐忑不安，急著想找一個清靜的地方，好讓心安定下來。

我住在普門寺附近，有一天回家時經過普門寺，看到一樓門口大排長龍，我好奇心起，就跟著大家一起排隊上到十二樓大殿禮佛。五方佛慈悲莊嚴、清淨脫俗，我油然生起恭敬、仰慕心情。在寺中遇到一位法師，非常親切和藹，我將懷孕胎位不正的憂慮告訴他，他教我要常持念〈藥師咒〉，還叮嚀我要有「大丈夫相」，法師說不要把自己設限在男女相當中，遇到事情必須有擔當，才能發揮潛能。聽了他一番話，我整個人彷彿清醒過來，頓時感覺心中有了力量，的確「為母則強」，我從小到大，都自認是小女兒、小妹妹、小女人、小婦人，即將當母親了，一定要有承擔力，要給寶寶很好的胎教。從此以後我下班回家前，都會先到普門寺拜佛，也開始參加法會活動。懷第二胎時，我不但念〈藥師咒〉，也專心持誦《地藏經》。

小兒子才七個月大時，我就揹著他，牽著兩歲半的哥哥，到普門寺參加法會。師兄師姐們都稱讚這兩個孩子真乖，安安靜靜的、不吵也不鬧，連長達五個多小時的燄口法會，他們一樣依偎著我，乖巧安坐。孩子常在道場進出，接觸久了，菩提種子自然深植在心田。兩兄弟到外地讀書，假日回家，要收假前，一定會到普門寺禮佛，到現在上班工作了也一樣，我必定會和他們一起去，不管當時我是否才剛從道場做完義工回來。道場是我們的慧命之家，我從法師身上學到無私、包容；特別是定和尚慈悲隨和、平等待人，在普門寺住持任內，信眾不管何時看到他，總是面帶微笑主動問候，又歡喜跟人結緣。在學佛路上，這位大和尚，給了我很大的信心與鼓勵。

佛光會成立，我順理成章加入，感覺生命從自受用，擴展到可以他受用。大師在國父紀念館佛學講座，一九九三年起我常有機會擔任服務組的知賓，因為常聽大法，啟發心智，我體會擴大生命與心量的妙處。有一年大師在國父紀念館講經，最後一天有皈依三寶儀式，我帶我先生一起去參加。從此以後家庭氣氛有所轉變，以前都是我在誦經，他在一旁看書報；那天他聽經、皈依之後，開始每天早晚佛前上香，接著也勤誦經典，尤其與《藥師經》非常相應。

在佛光會中，我從組長職務學習起。以前我像個獨行俠，自己去禮佛參加法會；有了佛光會這個平台之後，組織功能多元，大家一起辦活動，更能在眾中廣結善緣。佛法在眾生中求，我們從自受用進而可以他受用，修菩薩道的天地更加寬闊，不禁歡喜踴躍。每一次接到辦理活動的訊息，我都是開心昭告大家，太棒了，大眾又有領受佛法的機會了。這幾年我們辦三代喜同堂，很多老菩薩的兒女、孫子女都齊聚一堂，同心彩繪共遊益智遊戲。我滿心喜悅看著那歡樂溫馨場景，心想人間佛教充滿善美、淨化的循環，信仰傳承真是太重要了。

承擔起佛光會長任務時，我本著一顆真誠的心關懷會員。剛上任的第一個月，有一天分會組長打電話到我任職的學校，說有一位很發心的老菩薩昨天往生了，他的孩子沒有信仰，不知道有助念儀式，已經把他送到殯儀館去了。我匆匆趕到殯儀館，才感覺到一絲恐懼，從小很害怕死亡，其實在那之前，我很少接觸亡者。進到停棺的地方去找，看到一具一具大體躺在那裡，我雖然心裡懼怕，還是很認真仔細地比對亡者名牌，名牌好小，每經過一具大體，就合掌致意，找到一半的時候，實在害怕，就想轉頭離開，但在轉頭的那一剎那，又覺得不妥，想說老菩薩臨終時沒有助念，現在已經往生二十四小時了，我要趕快把握時間為他助念，用佛法來送他，他現在一定很需要佛法的光明。這個念頭一起，再回過頭的時候，遠遠地就看到老菩薩的名字了，奇怪，字體那麼小，我怎麼遠遠的就能看見。我走過去對他說：「您要放下世間萬緣，一心念佛，阿彌陀佛一定會來接引您的。」此時那位組長也到了，原來他又去載了幾個會員一起同來，我們虔誠誦《心經》、〈往生咒〉、念佛。那一刻我的心非常篤實誠懇。從那一次以後，我畏懼死亡的心魔完全突破，深深體會到「慈悲為懷、勇者無懼」。

我先生沒看過我做太粗重的活，一次分會辦活動，他看我竟能一手拎一大袋便當快速行進，不禁嘖嘖稱奇。有一年臘八粥結緣日，請他開車幫忙分會載鍋子、瓦斯到公園，他看我又是搬重物，又是忙著洗菜、切菜，不久即主動說要加入分會，說這樣可以幫忙我。他曾在佛光會月例會中發言，讚美佛光人義工精神令人感動，奉獻心力的同時，臉上充滿歡喜。我也告訴兩個兒子，佛光幹部雖然忙，就像是燃燒的蠟燭，可喜的是光亮不但照亮了自己，也照亮了別人，大師說：「給人利用才有價值。」

我學佛，也讓父母、親人得到法益，一九九〇年父親突然往生，他是跟人在談生意時，坐在椅子上去世的。從小，我就非常害怕有一天父母親會沒了呼吸躺在棺材裡，那簡直比天崩地裂還可怕。幸好當時我學佛了，決心按照《地藏經・利益存亡品》用佛教儀式來為父親辦後事，在告別式之前，請全家族都要吃素。那年代在鹿港鄉下，沒有人以佛教儀式送終，許多親族長輩都說，你這個做女兒的管這麼多，應該是長男的意見比較重要。

經過助念後，父親的面容變得十分安詳，我和姐姐一心念佛回向給父親，並且和表哥一起去請鹿港佛寺法師來辦水懺法會，師父們將壇場布置得非常莊嚴，村莊的人看了覺得很稀奇，都同聲讚歎。姐姐每天誦一部《地藏經》回向給爸爸，直到百日。百日功德圓滿的前一天，姐姐與小妹做了相同的夢，他們看到爸爸從富麗堂皇天上宮殿降臨，顯現的形象非常年輕，姐姐跟他說，爸爸你怎麼變這麼年輕！爸爸微笑手指著天上宮殿。母親原本就因為水懺法會的莊嚴受到感動，現在又聽到兩個女兒的夢境，對佛法就更深信不疑了，他不久就去皈依，到佛寺禮佛拜懺，幾十年來每天做早晚課。

我四年前參加人間佛教讀書會「回歸佛陀故鄉」旅行團，到印度去朝聖。登上靈鷲山那日，夕陽餘暉下，我們唱念著《心經》，許多團員感動流淚。在佛陀拈花、迦葉尊者破顏微笑，以心印心的靈山上，我深度思惟「法在則佛在，佛陀未曾入滅，靈山會上殊勝法筵仍持續進行著」，當下恭謹合掌立願：「追隨星雲大師，永遠不忘初心在人間佛教中做一個歡喜菩薩。」

抬起頭來 滿天星光 正為你照亮腳下的路

劉陳昭玲
澎湖縣議會議長
澎湖海天佛剎佛光會顧問

星雲大師曾說：「當你埋怨下過雨的路面，泥濘難行，何不抬起頭來，看看滿天星光，正為你照亮腳下的路。」

轉念，對我而言特別有啟發性，幫助我正向突破。在生活上、職場上、議事堂上，我都需要轉念的修養。在議事堂上總會有令人心裡不舒服、壓力、委屈的情況出現，我告訴自己先不要排斥，要試著去接受、去包容，種種努力之下，往往學到更多東西。幾次下來，我更能看清楚整個事情脈絡，心裡更清明，並感受到克服困難後的喜悅。我提醒自己，能多練習「轉大為小」、「轉苦為樂」、「轉迷為悟」，才能擁有生命活水。

尚未學佛前，我在議事堂上問政，若有各執己見、用詞不友善、應對進退失禮的地方，我就會發脾氣；學佛後，會有自覺自己皈依學佛了，不應該再這樣大聲對人講話，意識到這點便趕緊將音量放小，漸漸的情緒也不容易有起伏。以前我一進到議場，都板著一張臉，受佛法滋潤後心裡安定、踏實，懂得建立良好互動，用溫和方式溝通，縣政府人員感覺到了，跟我說：「你學佛後有改變，比較溫和，更加有同理心了。」他們很開心，叫我要繼續加油。很多朋友認識我幾十年了，都說我學佛了變得慈眉善目，我自己也發現更多人敢跟我聊天，我的人緣愈來愈好。

法師宣揚佛法是天職，沒想到對公共事務也很關心，有時候他們觀察到的點線面，常讓我又佩服又汗顏。遇到瓶頸、困難時，我常到海天佛剎去向住持滿舟法師請益，法師用佛法的角度，為我指點迷津：「凡事站在對方的立場。只要是為大眾，不是為自己，什麼事都可以溝通。」我也常跟議員分享這樣的觀念，只有為自己利益著想時才會解不開，縣政府也是為眾人在服務，大家應該都可以溝通的。幾年來我屢試不爽，以大眾利益為出發點，任何問題都能迎刃而解。

議事殿堂上有許多議案要表決，政治就是需要協商，議員站在監督的立場，大多看到的是地方政府施政上的缺失，學佛後，我覺得凡是與人對話，都應該試著站在對方的角度來思考，所以質詢時，會設想他們的立場來看問題，不但問政品質提升而且更有成效。學佛是我人生很大的一個立基點，我處理許多公共事務時，將一個「轉」字融貫其中，獲益良多。

感恩澎湖佛光山海天佛剎給我種種佛緣，促使我不斷進步進而更加認識人間佛教。身兼職業婦女與家庭主婦三十年，工作家務兩頭忙，與許多職業婦女一樣，在工作與家庭付出，呈現蠟燭兩頭燒的壓力。初步親近佛法時，心中每每生起喜悅，知道自已終於尋得安身立命之處；二〇一四年十月十九日是我生命中的大日子，海天佛剎信眾求受三皈五戒，心保和尚親臨主持，皈依受戒猶如點亮一盞智慧明燈，引領我安然走在人生的旅途中。

小時候看到長輩在每月初一、十五吃齋、焚香點燭、設供還願，還以為這就是佛教；後來才知道，那是民間習俗的信仰。因緣成熟學佛，深切體會到，僅僅空談信佛還不夠，最重要的是切實恆久的實踐，佛法大海浩瀚深廣，我正一點一滴努力學習。幾年來海天佛剎舉辦的法會、佛學講座，是我排入第一優先的行程，慧根尚未具足，一定要多多聽法，每次來至少停留一個小時，我看很多老菩薩聽開示都很認真，我比他們年輕幾歲，更要用心才行。法師講經說法，都是用深入淺出的語言，讓大家都聽得懂，佛法是要用在日常生活中，領受珍貴法益讓我體會到一份禪悅。

學會忍耐

李菊仁
佛光會宜蘭羅東二會督導

父親影響了我一生與善良相隨，而「慈月」的法名在記憶流光中始終如蓮花般清新，幫助我消弭浮躁習氣，進而培養出堅毅耐力。

五十八年前，星雲大師到虎尾的龍岩糖廠主持皈依典禮，父親帶我一同參加，師父賜我法名「慈月」，少年時代就得遇明師，相當有福報。那時舉行共修法會誦持《普門品》、《阿彌陀經》，師父教我們司打法器。不久他就看出來我暴躁、得理不饒人的脾氣。有一天師父語重心長對我說：「慈月，凡事要忍，忍不好修，是心字頭上一把刀，但是你一定要學會忍耐！當脾氣要發出來的時候，要能忍下來。」

感謝大師開導，送我這麼好的金玉良言，我牢記在心。但是習氣難改，之後當境界來的時候，我還是發脾氣。事後覺得很慚愧，對不起大師，常跑去僻靜的地方哭泣，哭完了，再重重警告自己一定要改過。一次一次我慢慢練習，愈來愈進步，後來跟任何人都能好相處，大家都說我親切有禮。

我先生是小學校長，我嫁到宜蘭三星，對寒冷氣候極不適應，公公如慈父般照顧我，燒火炭讓我取暖，父慈子孝溫馨氣氛，幫助我慢慢融入這個大家庭。在這裡我從頭學起，用大灶煮飯、種茶採茶。小姑很年輕就去世，留下來三個孩子，最小的才周歲，公公叫我領起來撫養，我自己也有三個小孩，我對待小姑的孩子如同親生，一個一個拉拔長大。

星雲大師是我生命中的貴人，我耐力、毅力的養成，始於他對我的諄諄教誨。有一天聽說大師在宜蘭有道場，我就到宜蘭市區到處去找，終於找到雷音寺，那時交通不方便，我一個月去共修一次，遇到大型法會我則是每天去參加。三十年前到佛光山受戒、參加短期出家。我喜歡人間佛教帶給人積極向上的力量，沒有讓人心生畏懼的種種禁忌，師父也說在蒲團上就可以用功念佛，隨處是道場，我覺得這樣的法門很簡易方便。

三星這邊有一家觀音寺，沒有法師駐錫，我就邀約一些師姐在六齋日來共修，誦持《阿彌陀經》、《普門品》、《八十八佛大懺悔文》，同時禮請依清法師來指導我們法器，大師以前教的我還有印象，能擔任維那。至今二十七年共修法會仍持續舉行。

佛光會成立後，我在依清法師協助下承擔羅東第二分會創會會長。秉持著「人飢己飢、人溺己溺」的精神，我們分會常常舉辦慈善救濟活動，也常帶團回蘭陽別院、佛光山本山參加法會活動。尤其每年佛光山春節平安燈會，更是大家共同的期待。楊梓濱督導非常熱心，我遇到不會、不懂的地方，就立刻打電話向他請益，他都竭盡所能給予協助，所以會務進行順暢。

感恩大師當初對我慈悲開示，之後又創立了佛光會，讓我一個家庭主婦也能走入大眾中，帶領分會投入化世益人的教化工作，我生命內涵更豐富、人生因此更添光彩。

不會算的人生就是糊塗

楊東庭
大立文創副總編輯
佛光會菩提分會會長

共修法會對我來說有很大的紓壓效果。前面有很好聽的梵唄唱頌，後面師父講的故事，也引人入勝。高中課業壓力重，每週六下午補習結束，我就騎腳踏車到台南講堂共修「紓壓」。因為師父很會說法、接引信徒，所以不久因緣成熟我就皈依了。

高中畢業考上中部的大學，開始尋找佛光山在中區的道場。先到東海道場，一九九六年光明學苑設立青年團，我就在兩邊帶兒童班，參加青年團，有時也會在光明學苑服務台值班。某天我們一群青年在學苑的會議室中喧鬧嬉笑，突然間星雲大師走進來，全部人都愣住，只見大師和藹地跟我們說：「中午大家留下來吃飯。」說完就走出去了。大夥面面相覷，直覺大師不是遠在天邊遙不可及，而是如此平易近人。

一九九七年參加第一屆國際佛教青年會議，大師開示說道：「不會算的人生就是糊塗。」我聽了深有所感，是呀！我們應當懂得規劃自己的人生，短至一天、長至一年，都要好好經營，而不是渾渾噩噩過日子。

大學四年，假日我幾乎都在道場度過。法師不時教我們梵唄，也教做菜，感覺像一家人。後來我上了佛學課，因而對佛教中觀哲學產生極大興趣，於是積極報考南華大學佛教學研究所。家人本以為我會出國留學，沒想到竟跑去研究佛學，懷疑問我說：「這跟未來的出路有關係嗎？」我跟爸媽說，這兩年算是給我人生一個沉潛期，況且我大學念的是財經，預計兩年研究所畢業，找到工作並不難，感謝家人都能尊重我的選擇。

承蒙研究所的教授依空法師推薦我到香海文化任職，我就邊做邊學，倒也學到一技之長。任內編輯的星雲大師著作《生命點金石》，搭配尤俠先生精美插圖，還榮獲國立編譯館評選為「甲類優良漫畫」第三名。

此外，《人間福報》專欄「另類財富」結集而成的《創造自己的優勢》一書，也頗受好評。之後，陸續待過圓神集團、經濟日報等媒體，迄今與人合資成立文創公司。可以說，我的職場生涯並沒有因為念了佛學而受到阻礙，反而受到許多長官的肯定與信任。

就業後，我從台中中五青轉到台北北三青，印象中籌備國際佛光青年會議，在行政等環節上學習最為完整。有幾次跟著李虹慧檀講師到浩然敬老院關懷慰問老人家，引導大家念佛。印象深刻的是，有個老人少有親友探望，我就寫張字條給他，上面是我的電話號碼，告訴他說：「有需要幫忙的時候，連繫我。」我再度探訪他時，那位長者空無一物的桌子上，玻璃墊下只有那張字條。不禁在心裡喟嘆，我竟是他最重要的聯絡人，霎時覺得這樣的社會服務實在太有意義了。活動中，我認識了時任菩提分會楊秀春會長，他對年輕人照護有加，也期許我未來能夠接任會長。

那時候我正值三十五歲，是青年團轉佛光會的契機，於是不假思索地轉入該分會，並在二〇一五年接下會長職務。

在我任期內，為了讓佛光青年多多認識佛光會，分會有動態活動時，就常邀請佛光青年歌詠隊來演唱、主持，全然信任放手讓他們去發揮，對他們的優異表現，大家也都歡喜給予鼓勵、讚美。

我一直認為，佛光會與青年團之間需要一個重要橋梁。儘管青年畢竟尚未成熟，許多缺點需要佛光爸爸媽媽多多給予包容，青年的創意與活力，卻是佛光會必須借重的地方。可惜的是，我看到很多青年超過三十五歲結婚生子後就失聯了，顯然兩者之間的接軌還有很長的路要走。有人建議我，既然認識那麼多的資深青年，不如邀請他們轉入菩提分會，但目前我沒打算這麼做，因為我不曉得這些人進來後，「如何藉由佛光會的力量，為這個社會做哪些事情？」

當初大師對我們年輕人說，大家要會打算，要懂得規劃。但目前我看到佛光系統當中的老化危機，並沒有一個很妥善的機制在因應。雖然佛光山與佛光會是鳥之雙翼，但佛光會畢竟是一個人民社團，與道場的屬性不同，別分院並不適合經常要求每個分會必須有多少人參加道場舉辦的法會活動，我總是看到一群自己人在同個圈子裡打轉，讓我很憂心。

佛光會的使命是要走入社會，必須有一個完備的創意發想，才能真正茁壯發展，可惜現在的分會必須不定時支援道場活動，時間空間都被壓縮了。

由於上述的原因，我不知如何說服資深青年持續在佛光會發光發熱。我覺得任何活動辦過之後，必須有所感想與省思，人心才能沉澱，如果活動太頻繁、密集，在「質」上面就無法兼顧，久了之後會彈性疲乏。不過，若是動員參加佛光會本身舉辦的禪淨共修祈福法會，這是必要的，因為那本是一個對社會大眾開放的萬人活動。我目前最想做的是佛光會正在推動的「一社區一蓮花」以及「社區讀書會」，因為很多里民跟我們接觸後，都對佛光會很有好感，也很認同，所以應該藉由這些活動跟他們有所交流，這才是佛光會必須扎根、經營的地方。

「不會算的人生就是糊塗」，大師的叮嚀猶如在耳，我期許自己未來十年能成為檀講師，在職場上也能具備更高度職能，從服務、奉獻中體現佛光人的生命價值。

給的哲學可以創造出無限價值

江世崇
豐橙秀桔果園園主
佛光會豐原潭興分會督導

您羨慕日出而作、日落而息的農耕生活嗎？田園樂趣真的那麼令人無憂嗎？

我務農，一年四季都在果園裡忙，時常擔心颳颱風、下大雨，還有病蟲害、產銷失衡的問題。

九年前因緣際會，我成為潭興讀書會帶領人，閱讀星雲大師的文章，我領受了「給的哲學，可以創造出無限價值」。過去擔心的那些問題，在本質上有了很大的轉變：以前害怕病蟲害，學佛後擔心要噴農藥了，得提早去通知園裡的昆蟲、鳥類、小動物要趕緊迴避；以前煩惱銷售通路，後來常注意的是有沒有給客人最好的。有一些客人到我農場試吃，我都拿最好最漂亮的給他們試吃，不計較他們買不買，都是一視同仁認真介紹、熱心對待。有一天我收到一筆大訂單，是一家公司要用高級水果禮盒來餽贈員工，我很好奇怎麼會選上我的，原來是這公司老闆的親戚曾來試吃過，雖然沒買，但他回去後大力推薦。因此我的銷售就此好起來，後來農會也來支持幫忙我。「給」真的是一種播種、布施。

我們讀書會有十幾位夥伴，都會將每週三的「佛光日」，排在第一順位，大家非常享受悅讀的美好時光。我身為導讀人，一定要先做好功課，回饋時才有內容。所以常利用零碎時間看大師的文章，白天農忙，晚上挑燈讀大師文章，常讀到凌晨。我跟讀友們說，每天一定要利用零碎時間看書，每天就重複看同一篇，不要隨手翻閱不同文章，否則你就白看了。讀了大師的文章，又參加了總會辦的幹部講習「生命因付出而精采」，我想若是承擔佛光會長就能為更多人服務，可是有辦法嗎？我的果園有八甲，一年到頭，幾乎沒有空閒的時候。決心接任佛光會長的前幾個月，在大陸經商的大哥突然打電話給我，說離鄉好多年，他想家了，想回台灣。我回答他：「太好了，哥哥！那八甲的果園，分一半給您去種。」就這樣我更安心接下任務。

新手會長一切都在摸索，種椪柑就是十至十二月最忙，剛好那時佛光會活動也很多，感覺分身乏術。我表哥張清川買我的椪柑贈送給法師、佛光人結緣，大家都覺得不錯，紛紛跟我訂購，所以我就不用再去操心通路的問題。第二年我對會務熟悉了，比較駕輕就熟，回想起去年，本著「大眾第一，自己第二」的信念，真的佛菩薩就幫我做了最好的安排。

參加佛光會幹部會議，我一定勤做筆記，這樣才能心無雜念全神貫注，我將這樣的妙方與一位幹部分享，他如法炮製，說收穫很大，也表示樂意承擔下一任會長。有朋友跟我說他沒空參加佛光會活動，我會耐心分析，同一時間有寶寶出生、有人往生、有人睡覺、有人喝酒、有人在法會、有人在助人，光陰很寶貴，我們想想平常是造業的多，還是培養福德因緣的機會多？如果有一個玻璃瓶，裡面裝滿了七分滿的沙子，你要怎麼再放進一些小石子，朋友大多回答不出來。我說很簡單，只要將沙子倒出來，先放小石子進去，然後再將沙子倒進去，不就好了。這七分滿的沙，就是你日常生活的例行事務；佛光會的活動就是那些小石子。只要重新分配時間，把例行事務再細緻分類，不可能完全排不出時間。

我白天農務勞動耗費大量體力，但我沒有日落而息，不是閱讀大師的文章就是忙佛光會務，道場的法會也盡量不錯過。往往跟太太參加法會聽完開示，回家繼續討論法師講的法，直到十一點多還沒熄燈。

感謝星雲大師創立這麼多平台，我是山中農夫，因為有佛光平台，有幸成為讀書會帶領人、佛光會長、豐原區友愛服務隊隊長。陶淵明過的隱居田園生活，斷絕與外人交遊，甚至不願駕車出遊，我比陶公幸福，我走下山不但廣交善友，還能多行慈悲喜捨，繼續耕耘福田。

修行在人間

楊進益
木工達人
佛光會新莊三會會員

汗流浹背鋸釘木板，享受創作的同時，心靈充滿愉悅、踏實，因為佛光山法師說，修行在人間，工作也可以是一種修行。我做木工從測量、設計到實作，每一個環節都悉心畢力，尤其接受過佛光山短期出家的訓練之後，更覺得整個製作過程中有種修練的軌跡。我樂在工作中，而木工的專業也讓我成為到處受歡迎的義工。從金光明寺、擇善寺到佛光山叢林學院，都曾響起我揮汗如雨卻又樂在其中的鏗鏘節奏。做木工幾十年，在叢林學院做義工期間，我心無妄想、腦無雜念，吃飯時吃飯、睡覺時睡覺，低頭工作時更能與心對話，從未有過這麼專注沉穩的身心狀態，那一個月是我人生中最安然舒適的時光。

參加過三次短期出家，因為想在人生的旅途中，體察更有深度的水土。我很早就受菩薩戒了，原本我會抽菸喝酒，太太鼓勵我去受戒，受了戒之後，就不曾起念想要抽菸、喝酒，真的很特別。我在外面接案，常會到銀行等公司行號，這些場所本來就不可以抽菸，受了戒剛好一舉兩得。

跟佛光山結緣始於十年前，我太太約我結伴一起去上佛光山人間大學的課程，我在「維摩書院」，他在女子學院，第一學期上課，地點在基隆極樂寺，踏進極樂寺，迎接我們的是優美清淨的環境，看到知賓師姐與義工們笑容滿面，令人備感親切。第二年移到群山環繞的金光明寺上課，鳥語花香幽靜莊嚴的學府，我跟太太覺得在這樣的地方上學，實在很幸福，就這樣我們兩個人一起上課，同窗共學將近三年；既是同修又是同學，我們更能尊重、包容對方。進人間大學填學經歷，法師得知我擁有木工專業，從此為道場製作書櫃等木製品就成了我累積資糧的增上緣。今年金光明寺水陸法會，很有福報負責製作內壇席桌及法會所需的木製用品，看到法會這麼殊勝莊嚴，內心充滿法喜，無法言喻。

大師說人間佛教就是「佛說的、人要的、淨化的、善美的」，這樣講我一聽就懂了。我非常肯定在人間就可以將學佛這件事做好，所以常常琢磨在日常生活、在工作中要怎麼運用佛法，怎麼維護身口意。

識得因果 心甘情願

洪永善
金門縣烈嶼國中學務主任退休
國際佛光會金門協會督導

三十年前，偶然翻閱《覺世旬刊》，發現內容深具宏觀視野啟迪人心，便開始訂閱。我是國中美術老師，後來擔任訓導主任，常常要上台講話，剛開始都是流水帳式的細數校內點滴，一段時間後，我自己覺得老是這樣講，未免內容太枯燥，想換個清新的方式。有一天在閱讀《覺世旬刊》的時候，看到幾則通俗易懂的典故，心中大喜，就引用來講給學生聽。像〈哭婆與笑婆〉、〈大佛與大磬〉的故事，都讓學生覺得寓意深長有所受用。

因為《覺世旬刊》中有許多星雲大師的文章，我開始蒐集大師的著作，陸續請購了《星雲日記》、《老二哲學》等書。二〇〇三年我跟太太一起加入佛光會。記得曾到國父紀念館聽大師講經並求受五戒，大師在皈依典禮中要大家跟著他大聲說「我是佛」，我想「人」與「佛」距離那麼遙遠，一時間不敢承受，後來在人間佛教中薰習，漸漸體會到，修行朝「佛」的這個模範標竿，慢慢前進，總有一天會接近佛的境界的。

親近人間佛教學習，懂得原來佛法就在生活中，覺得人間佛教從山林走向人間，跟傳統佛教不一樣。大師教我們對人、事、物，如何以更豁達的態度去面對，包括在職場上乃至身心方面可能面臨到的挫折與挑戰，在人間佛教的智慧心法中，都可以受到啟發，進而找到克服超越的方法。

二十幾年前，我到師大進修，體檢時發現肺部長了顆腫瘤，當下真的很失落。幾番心情起伏，想起大師一生面臨多少病痛，都能「與病為友」，這句話給了我振作的力量，我想一切都有前因後果，該如何面對、如何轉念才是最重要的；轉換心情看待，真的就覺得沒那麼嚴重，開刀就好。之後，我更注重養生保健之道，身體狀況漸入佳境，也算是一種收穫。

二〇一〇年從教職退休，就接任金門佛光協會會長，因為佛光山提倡三好運動，是自利利人的身口意修行，在活動中雖忙，可喜的是我進一步印證何謂「心甘情願」。金門協會常常帶團回台灣本島參加中華總會辦的活動，每年禪淨共修祈福法會，金門團都有四十幾人參加、凱道佛誕母親節慶典，約五十人到台北共襄盛舉；二〇一一年底，佛陀紀念館落成啟用，金門團隊有一百多人回到佛光山，共同見證「千載一時、一時千載」的歷史時刻。禪淨共修祈福法會都是三月份舉辦，那時節剛好是外島的霧季，飛機航班不是都能準時起降，如果從早上等到下午能夠起飛，對金門佛光人來說，已經是非常慶幸了，等多久都不是問題。

金門佛光協會常舉辦文化教育活動，例如：「三好兒童寫生比賽」、「三好兒童說故事比賽」、「書法研習」、「國語文研習」、「兒童夏令營」等。金蓮淨苑的二樓是展覽廳，小朋友的得獎作品在展覽廳中展出，這給予小朋友很大的鼓勵。

近幾年，金蓮淨苑永勤法師帶領金門協會，在教師節邀請學校校長、老師在教師節來道場「素齋談禪」，第一年舉辦的時候，參加的二十幾位教育界貴賓給予好評讚歎，口碑傳開，去年增加到一百位，因人數眾多，就分成幾個梯次舉行，我們「素齋談禪」談的是如何建立三好校園，話題非常熱絡。

除了文教活動之外，紀念佛陀成道日臘八粥的結緣更是遍及金門，每一年贈送鄰里社區及機關團體，將近二萬碗。佛教講究緣分、因緣，人間佛教創造許多善緣好運讓我們廣修福德，我們珍惜每個因緣的成就，心中常存感恩。

一個人做什麼要像什麼

林秀美
宜蘭市中山國小退休教師
國際佛光會檀講師

筊杯落在地上，發出響亮的聲音，我彎身去撿，再交給阿嬤，這是我童年每天例行的公事，說起來我是阿嬤的小幫手，但是這個公差一點都不輕鬆。家裡大大小小的事都要先擲杯問過神明才行，看著阿嬤對神明念念有詞，好不容易出現聖杯，有答案了，我眼睛一亮抬頭看阿嬤，但他卻一定要連續擲出三個聖杯才算數。我心裡想，阿嬤您為什麼對神明給的指示沒信心，一定要三個聖杯，而且每件事都要問，每天花太多時間在擲杯上面了。

每逢過年過節，跟阿嬤到菜市場，採買祭拜用的雞鴨魚肉，來回一趟一趟地買、運送。叔叔看不過去，常跟阿嬤吵，有一次他跟阿嬤說，拜拜講究的是誠心，不是一定要很多的祭品，如果你想炫耀你拜很多，那乾脆把這些祭品拿到屋頂上去拜，讓人家遠遠的就可以看到，這樣不是更好嗎？

每一次拜拜他們母子間都會有不愉快。我當時以為這就是佛教，很反感，尤其在小學班上，有些同學的父母當醫生、教師的高級知識分子都是信基督教，於是我就更加認定只有老人家需要有個心靈寄託才會信佛教。

一九五二年星雲大師應地方賢能之士的邀請到宜蘭弘法，駐錫雷音寺，組織宜蘭念佛會。令我驚訝的是，我母親竟然也成為宜蘭念佛會的會員，而且還是平和里班長，負責聯繫該里蓮友的各種活動。他在日據時代讀到高等科畢業，在當時是可以到小學去教書的。我百思不得其解，媽媽為什麼會這麼熱衷迷信的佛教。

一九五五年，我國小畢業，考上蘭陽女中那年暑假，母親要帶我一起到雷音寺參加星期六的共修活動，我立刻拒絕說我才不去那迷信的地方。

媽媽每星期六晚上，不管颳風下雨一定準時去雷音寺，好奇心驅使下，有一天我首肯跟著母親踏進雷音寺，那可是大師所興建的台灣第一所佛教講堂。首次走進這莊嚴肅穆的講堂，仰望莊嚴慈祥阿彌陀佛白色聖像，滿廳堂安靜無聲，環顧四周善男信女，不但靜默端坐，而且每個人臉上都露出祥和的笑容，讓我心裡不知不覺肅然起敬。

原來母親、蓮友們到雷音寺，不是只去誦經而已，還有聽大師講經開示。當天共修大師的開示好像針對我講的，他說：「佛教是一種最科學、最進步、最活潑、最人間化的宗教，是引導人走向正知正見的宗教，不是老年人才信的宗教。佛教不迷信，沒有抽籤、擲筊、燒金紙。拜佛最重要的是心香一炷，到這麼潔淨莊嚴的講堂，只要雙手合十，恭敬的問訊禮拜就好；也不一定都要用香拜佛，把佛堂薰得『烏組組』（台語：烏黑）才叫有誠意。」我聽了連連點頭，回家的路上，我跟母親說，以後每週六我都要到宜蘭念佛會參加共修，還要將大師的開示記錄下來。

小學及初中時期，作文總在中等或中等以下，我常為作文傷透腦筋，那時老師教我們多看範文，但我愈看愈不會做，因為整個思想全被範文牽住了，更發揮不出來。讀高中時，有一天在國文課堂上，劉鳴嵩老師說，當代真正的白話文，寫得最好的就是宜蘭念佛會的星雲大師，多閱讀星雲大師的文章，作文能力一定會提升。我聽了吃了一驚，心想：「星雲大師就是我師父呀！」當下愧悔自己缺乏慧根、慧眼。

一九六三年我師專畢業後，服務於當時宜蘭縣最大的小學中山國小。結婚生子後，人生又多了一項為人母的角色。我常記得大師開示的一句話：「一個人做什麼要像什麼。」一家庭主婦不能說我要去拜佛啦，丟下家事不管，碗筷不收，家裡不整理，孩子不照顧，讓家人起反感；上班的人不能說我要拜佛，而不辦公，引起同事、主管的不滿或議論批評，這樣就不如法。每個人都必須把分內的工作做好，再精勤修持，這才是真正的三寶弟子，這也就是人間佛教，因為「人成即佛成」。

我想必須把孩子照顧好，把家事做好，不能不務正業。從孩子一出生到上大學前，這段時間是孩子最需要父母照顧的時候。小學、國中、高中，每一個階段均有不同的照顧方式。我除了上班認真做好我的教師工作外，其餘的時間都視孩子的需要陪伴著他們，使孩子能正常的發展。因為大師常開示，行住坐臥都可以念佛，都可以修行，於是廚房就成了我早晚課的殿堂，邊做菜、邊持咒、邊念佛，也許就是這樣，家人及孩子吃了我做的飯菜都平安健康。

兩個孩子受父母的影響，從小就養成拜佛念佛的好習慣，並且有他們各自修持的法門。老大專持《心經》、觀音聖號，老二專持《地藏經》，兩兄弟早在一九七二年就都皈依心平和尚，法名「乘光」、「乘明」，現都任教於大學，也都和我們夫妻共同護持佛法。

今後宜蘭監獄弘法 布教就由你負責

林清志
國立宜蘭技術學院及國立宜蘭大學講師退休
法務部榮譽教誨師、國際佛光會檀講師

「歐陽子方夜讀書，聞有聲自西南來者，悚然而聽之，曰：『異哉！』初淅瀝以蕭颯，忽奔騰而砰湃；如波濤夜驚，風雨驟至……」

十七歲那年在雷音寺國文課堂，我第一次聽講歐陽修的《秋聲賦》，星雲大師以揚州人特有的磁性口音，語音節奏跌宕起伏，在座的青年學子莫不聚精會神跟隨著反覆吟哦，彷彿也見聞了當時之秋聲及詩人的感慨。

今日我能夠受教育部評定為講師，又有著作陸續問世，如《佛學小百科》、《文人史話》、《唐宋散文選》、《中國文史哲名著研究》、《大國文》等，皆是大師當年教育所賜。

一九五五年我十七歲，就讀於省立宜蘭中學初三忠班。十二月二十七日那天早上，校長溫麟先生向全校介紹一位法師來校演講，我馬上聯想戲曲、小說中白髮蒼蒼的佛門異人、身懷絕世武功的和尚。結果完全出乎意料之外，那位法師年輕高大，儀表莊嚴舉止，一上台口若懸河，令全校師生感佩讚歎。這位法師正是我們最敬愛的恩師——星公上人。大師給我們全校師生的見面禮，講題是「佛教與助人」，其中有一段講佛陀看顧老病比丘，為看顧老病比丘，為病僧洗滌身體及衣物。我想佛陀是高貴的太子來出家的，開悟成佛後竟然親自委身為弟子服務，在我們聽來真是不可思議。於此，我們也才領會到佛陀是跟我們生活在一起的人間佛陀，他的教法是人間佛教生活佛教。大師演講後，離開學校前一再叮嚀，歡迎同學們到宜蘭市北門口雷音寺拜佛。

我放學後背著書包與二姊美惠一起前往。大師帶我們到一座古色古香的大殿，當時大眾正在共修，大磬響起，海潮音的梵唄悠揚空靈，剎那間前所未有的清淨喜悅溢滿我胸膛。有如聽到慈母的呼喚，有一種回到家的感動，我四歲失去慈母，十幾年來，哀子的思慕情懷終於有了停靠的港灣。

大師駐錫宜蘭雷音寺時，每年都定時舉行新春和夏季鄉村布教。記得一九五六年的新春布教，大師訓練我們上宜蘭念佛會講堂的講台，對著蓮友們演講。我們追隨大師以拓荒者的精神，四處弘法布教。舉凡街市、陋巷、廟口、戲院、軍中、電台，皆有我們師徒行腳的足跡。每到一處，我們各就各位分工合作，拉電線掛燈泡、裝麥克風、搬桌椅子、張貼海報，然後踏著三輪車街頭巷尾廣播宣傳，招呼聽眾。一切準備就緒，開始登台布教。為了購置布教設備，大師經常將平日微薄的紅包供養金拿出來花用。布教地點附近若有景點，一有空檔，我們會當下把握機會以單車代步，去好好賞玩一番，這或許就是佛陀賜予的慰勞。

一九五九年夏天，大師親自帶領我入宜蘭監所弘法，當時我二十一歲，在此之前，對監所的感覺是畫地為牢，不可雷池踰越的禁地。大師時任宜蘭縣佛教會理事長，有一次臨時要到員山鄉處理寺務，無法分身，臨時指定我單獨前往監獄弘法，乍聽慈命時，我十分震驚，我何德何能能夠挑起大願地藏王菩薩行願，擔心自己聽錯再次向師父證實，我口上遵師命依教前往，心跳卻開始加速整個人緊繃起來。

記得奉師父慈命第一次單獨前往弘法的情景，在前往監獄準備上台的教材，是採用大師著作《釋迦牟尼佛傳》，我花了許多時間背得滾瓜爛熟，可是那天走到監獄門口，突然非常緊張，頓時腦筋一片空白，伸手去按門鈴時，手不聽使喚一直顫抖，走進管制區通過幾個關卡，來到中央台，教化科人員才出來引進辦公室，稍候片刻，約有五十名手上各自拿著小板凳的收容人被帶到教室等待，主管來引路，進入教室後主管在教室前面一站，以雷霆萬鈞之勢，驚天動地的一聲口令「立正」，五十人動作整齊劃一，行禮後，再補上一個口令，全體整整齊齊坐好，然後一百隻眼睛木訥地仰視著我。

這一幕情境生平第一次遇見，真是萬分不知所措，可謂騎虎難下尷尬無比，心想這裡真是不該來的地方，安慰自己「既來之，則安之」，這場天地旋轉的震撼教育，好歹總應該硬撐下去。萬萬沒想到，準備好一小時的教材竟然在半小時內快速講完，中間落了很多資料，功課告畢立刻快步離開監所。跨上腳踏車，急速行了約五公里的路程，驚嚇指數還是居高不下。

終於來到師尊面前，趕緊報告整個過程，看著我驚魂甫定的樣子，師父竟然認真地說：「今後宜蘭監獄弘法布教就由你負責。」也不知道是什麼力量，先前的恐懼在大師的威德下突然煙消雲散，也許是師父靜定慈光溫潤了心田，我竟然點頭勇敢承擔了，而且一承擔就堅持了近一甲子。

親近大師六十一年來，我們夫妻依教奉行、為教爭光，不給師父丟臉。尤其是一九九三年十月接受大師頒發的國際佛光會檀講師證書，前後已有二十三年之久，每年均有弘法工作報告表，向大師及中華總會報告工作內容，為了更充實弘法利生的內容，我們全力以赴，以報佛恩。

弘法道上，曾經在軍中礁溪明德訓練班弘法十年，羅東靖廬有五年，又與同修慧音居士（林秀美檀講師）在台灣宜蘭監獄「代佛宣說」前後約五十七年。這條弘法之路我們抱持著盡形壽，乃至花開見佛然後乘願再來，一直走下去永不停息。地藏王菩薩「地獄不空，誓不成佛」的宏願，本就是佛光人行佛所應行的法門，何況是大師親自授記認可，願以此心此行與所有佛光人共勉。

三分師徒
七分道友

陳順章
順美有限公司負責人
中華福報推廣協會理事長

我小時候家境清寒，一家六、七口人，就住在不到十坪的房子裡，那個空間既是我們的臥室、也是餐廳、盥洗室，許多窮人在現實生活上可能面臨的沒有尊嚴的事，我家都遭遇過。學佛後聽到大師對廣大信眾們開示時說「三分師徒，七分道友」，讓我感佩得五體投地，後來我對待員工時，也學習這樣的精神，把員工當朋友親切看待。

年輕時打拚事業努力奮鬥，奔波勞苦，騎著摩托車到將軍鄉等鄉鎮去收帳，四十年前在這些鄉下地方哪有什麼餐廳，我常常中餐、晚餐沒吃，廢寢忘食地工作。我深知窮人的窘迫困難，看到窮困貧民，總會心生同情悲憫。所以凡事我都謹記著「留一口飯給別人吃，留一條路給別人走，自己夠用就好」。學佛後我更認知到，能留一些佛法在世間，讓大眾受益，為眾生鋪路，其實最大的受益者是自己，更相信透過這樣的善行，能為自己消業解厄。

小時候周圍的長輩親友都是民間信仰在宮廟拜拜，長大後，我發現宮廟很少興辦社會文教活動。我同修的姊姊、姊夫陳榮霖賢伉儷介紹我們認識佛光山，經由閱讀《覺世旬刊》、《普門雜誌》，得知佛光山以文教起家，我敬佩不已，決心全力護持。尤其深感《普門雜誌》精緻、生活化，在出世入世間採風問俗，能為社會挹注更多智慧與清涼。有一次在台南講堂佛光會活動中，我上台廣為推薦介紹，承蒙法師告知當天會員訂閱《普門雜誌》的情況很踴躍，之後的回響共鳴也非常熱烈。

一九九一年佛光會籌備階段，有一天我聽到門鈴響，開門一看大為驚喜，竟是大師法駕蒞臨寒舍，我當時穿著家居服，就這樣跟大師相談，聊起佛光會，大師希望我能承擔善化地區佛光會的創會會長，我深覺榮幸能共襄盛舉，當下表達義不容辭大時代的擔當。「雖然我們不能長相聚，至少我們師徒心相繫，不忘慈悲喜捨遍法界，更要惜福結緣利人天……」相信很多人對那首佛光人之歌印象深刻，那是有一年舉辦行腳托缽，我請分會祕書填的詞，這位祕書是國文老師。

親近大師的因緣起於四十年前，當初善化地區有一個念佛會，希望能在善化地區啟建一座佛寺，於是發心集資買了一塊地，特地到新營去請一個寺院的住持來善化看地，那位住持來看了之後說，這是一塊陰地，不適合建寺廟。念佛會的人很著急，緊急開會推派一位李校長代表大家到佛光山去拜見星雲大師，表達啟建道場的心願，結果大師連地都沒來看，就答應來建寺，李校長也在面見大師那天皈依三寶，消息傳回，念佛會的人真是喜出望外，在善化地方上大家都說佛光山星雲大師不怕陰地，佛光山就是不一樣，真的是「日日是好日，處處是好地」。

慧慈寺動工那天，大師選的日子正好是農曆七月，我跟鄉親們都覺得很新奇，想說，這大師的確是不一樣，人家都認為農曆七月是諸事不宜，一般都不會選在農曆七月動工破土。慧慈寺建寺期間，我是以分期的方式做功德，會先認領一願一萬元的功德，付清了之後，再問師父還有什麼功德項目。慧慈寺建成，看著莊嚴的殿堂，在民風純樸的環境中孕育自性芬芳，我打從內心感到歡喜。以前我很執著慧慈寺，常說我當慧慈人就好了，我不用去佛光山。後來因文教而與佛光山結下更深的法緣，舉凡佛光山佛學院、編藏處、佛光山文教基金會等等，都是我們種福田的好所在。不但自己護持，我們夫妻也廣邀親朋好友大家一起來，每月固定贊助一百元，進而我們可以藉此因緣持續向他們介紹佛光山的文教事業，同時常帶這些贊助者到佛光山參訪，有幾次多達一百多人跟我們一同參觀叢林學院。我有一個生意往來的客戶是基督徒，他每年固定捐五萬元贊助佛光山文教事業，如此長達十幾年，我問他為何如此熱心，他說從你們夫妻的樸實誠懇及對佛光山的種種介紹，我覺得捐這些錢很有價值。

佛指舍利環台繞境，到高雄中正體育場舉行恭送佛指舍利法會，大師說希望有十萬人通宵念佛，旁邊有幾位隨從聽到大師這番話，隨口答了一句：「這不太可能。」沒想到那晚雖然氣溫下降又飄雨，竟真的有十萬虔誠信眾通宵念佛，而且還有很多人發心皈依。

幾年前我罹患肢端肥大症，醫生懷疑腦中樞有腫瘤，以核磁共振掃描檢查的時候，護士要我儘可能地保持不動，甚至需暫時閉氣，我在心中默禱，「師父你要幫幫我」，慢慢地情緒安穩下來。後來我的皮夾中常存放師父上人的照片，只要有情緒起伏的時候，就趕緊將師父的照片抽出來，看了心情馬上就能安定下來。

我擔任「中華人間福報推廣協會」理事長，一任是四年，我已經是連任的第二年，到今年第六年了。記得剛接任的時候，我跟大師說：「師父！從今天起，我要開始『合掌人生』了。」師父點頭說：「合掌對每一個善知識，對人要和氣，進而讓人感動。」承蒙很多有緣人一起來擁護人間福報，乃至讀報教育，對校園的品格教育推廣閱讀也都助益良多。

我原本在眾中發言會膽怯，有一次大師來開示，結束後要走出慧慈寺大殿時，我鼓起勇氣代表大眾大聲請法：「請大師常來為我們信徒開示。」

大師後來對我說：你進步了。

我擔任善化分會的創會會長期間，積極推展會務，任內最輝煌紀錄是有一次發動四十多輛遊覽車在新春期間回佛光山去朝山。當時場面莊嚴無比，至今那響亮佛號聲，還常常在我心底迴盪，佛號點亮了我心燈，幫助我照亮自己，也分燈照亮別人。

三好四給

汪元仁
前內政部入出境管理局局長
佛光會如來分會督導

童年時期，常看到祖母閉著眼睛專注念阿彌陀佛，這個溫馨意象，對我影響很大。

我出生於東西六塘河流環繞的淮北平原，因對教職有興趣，所以進入省立淮陰師範學校就讀。一九四九年政治局勢極其混亂，學校當局對許多突發的狀況尚無應變計畫，在最亂的時代只有兩種選擇「走」與「留」。很明顯的，走的是少數，留下來的是多數；走是冒險的，前途未卜而多艱，走要有置之死地而後生的勇氣與決心。

我們十幾個決心要走的同學，在宋月升老師的堅毅領導下，向校長和同學們揮淚告別，勇往直前踏上了流亡之路。在兵荒馬亂的道路上，我們背負著沉重行李，在走一步算一步的情況下，捨大道而走江南農村的小路。雖然春風拂面，綠草如茵、景色如畫，卻也無心欣賞；沿途餐風宿露，披星戴月、疲勞困頓。在上海我們決定投筆從戎。撫今思昔，我肯定當年的抉擇是正確的，在無望中絕處逢生。登上大江輪船啟航前往台灣，我悲從中來，想到苦難的雙親無人侍奉，遠離了這塊土地，何年何月才能重返。

從大陸到台灣，是我人生一個重大的分水嶺；數十年後，又一重要里程碑，是我皈依了佛門。我曾書寫回憶錄，付梓出書，承蒙佛光山開山星雲大師為拙著撰寫序文，益增光彩。

大師在序文寫道：「汪居士元仁與我蘇北同鄉，因而結緣認識，交往既久相知益深，他為人誠篤謙和自律謹嚴，來台後長期在海軍服務……由軍職轉任內政部入出境管理局局長之後，一貫以身作則廉正不苟，在他任局長九年中，局中職員近千餘人，奉公盡職，從未發生違紀犯法之事，且便民利民年年獲獎。……退休離職之日，全局職工列隊送別離情依依，有因而淚下者，其得人心處，於此可見一斑。他學佛之後，領導如來分會參與佛法活動，傾誠向道深具心得，任佛光會檀講師，曾獲頒佛光山金像獎。」

學佛對我來說影響深遠，讓我在工作中懂得學習圓融之道。一九八六年我從海軍總部中將軍職外調到入出境管理局，據說當時境管局的同仁議論說，來的中將這個官，僚氣一定很重。我到任了之後，一有空就到辦公室、服務台，到處去跟同仁聊天談話，沒多久大家馬上改觀，都沒把我當長官，而是把我當親切的家長。

我從移民署長（入出境管理局長）退休後曾即興寫詩一首：「退休以後不忮求，皈依三寶沒煩愁，青山碧水常遊憩，洗滌塵囂樂悠悠。」將要退休的前三個月，我決定要皈依佛門，並向我崇拜的師父星雲大師表達心願。一九九四年十一月十三日，我和如來分會會員在佛光山皈依三寶，由大師親自主持，我法名「普覺」，我內子法名「普明」。大師在典禮後特別對我說，從現在起是你第二生命的開始，誠然如果把整個人生里程來劃分，皈依前是一個階段，皈依後又是另一個階段，是另一個人生的境界。於是我潛心禪修佛學，研讀大師講詞，參與佛法活動、充實佛學知識、端正理念心性、塑造正知正見，更進一步去推己及人。

感謝會友陳必享居士送了我多冊佛學叢書，退休時如來分會劉會長蓬春代表全體會員又送我全部佛學大辭典，心中真是歡喜，這些好友太了解我的心意，之後又蒙大師推薦任佛光會檀講師，核頒極高榮譽的「金佛獎」，使我在退休之前就已踏上佛光之路，做一個快樂的佛光人。

我於一九九二年九月成立如來分會，即邀請大師到移民署開示，大師講演提示「不忘初心」、「不請之友」、「不念舊惡」、「不變隨緣」，這四句話以及「三好」、「四給」的觀念影響我最深。大師親自主持如來分會成立大會，大師說如來就是佛。我在移民署，每天廣播對員工講話半小時，重點都是根據大師的著作。例如有一天廣播詞是這樣的「兩位副局長、各位主管、全體同仁大家早，今天早晨利用時間和各位談談星雲大師所說『離開痛苦煩惱的方法……』。」我在居住的一樓電梯旁掛上「星雲大師嘉言錄」跟大樓住戶們分享，也已二十幾年。

大師不但是一位宗教家、慈善家、藝術家，更是教育家，我們有幸遇逢了一代偉人，大師每年新春〈致護法朋友的一封信〉，我都畫上重點眉批，加以保存。二〇一六年《人間福報》刊登大師的一筆字，我都細讀並剪貼成冊，要做為傳家寶傳給我四個孩子。

你決定就好

許春發
琉球國中退休教師
國際佛光會檀講師

我是一個國文老師，對文學及歷史都有所涉獵，當然對佛教也不陌生，所以一九九四年在佛光會東港分會長蔡朝豐的鼓勵下，我接下了小琉球分會創會的大任。

有一次代表小琉球分會到高雄佛光山開會，有機緣邀請星雲大師到小琉球弘法，大師一聽毫不考慮立刻答應，旁邊有人問大師，您的弘法行程早已排滿，怎麼馬上允諾要去小琉球？大師回答，小琉球跟我有因緣。

大師來到小琉球，我們邀他搭車環島一周，在車上，我把握機會向他請教，修行跟大海有沒有什麼關聯，大師說：「心胸要像大海一樣開闊，才能看清事情的全貌；波浪就像是心上的煩惱，修行就是平靜下來，安定內心達到澄淨無垢。」

我們選在三隆宮舉辦星雲大師佛學講座，潮州的林怡和督導得知消息，特地奉請一尊釋迦牟尼佛像先行渡海到小琉球，經過一番商議後，將佛像安奉在三隆宮。

到了佛學講座那天，一早起床看到天氣很糟糕，太太跟我說，這種天氣，晚上怎麼辦佛學講座？我想得趕緊到佛祖座前去拜一拜，冒著風雨到了三隆宮，跪著祈求佛祖，保佑晚上沒有風雨，鄉親們踴躍來聽講。真是靈驗，我拜完走出三隆宮，發現風雨漸小，到了傍晚天氣完全變好，聽講的人擠滿了會場。

所謂「近山則樵，近水則漁」，小琉球居民大都以捕魚維生，常感到與佛無緣，因為都知道佛教有一條不殺生戒。那晚大師的講演真是深得鄉民的心，我當晚擔任閩南語翻譯，愈聽愈感動。大師說：「佛教雖然講不殺生，但它還是有輕重之分。尤其殺生有『殺行』與『殺心』的分別。你們捕魚，是為了維持生活，並沒有殺的意念，雖有殺業但無殺心。

你們看新聞報導很多地方有作奸犯科的人，只有小琉球沒有，你們大家都擁有純樸善良的心，是最有資格學佛的。」那天大師親自主持皈依三寶儀式，有兩百多位鄉親發心皈依三寶。

當大師得知小琉球有一個東港水產學校夜間部，當下表示捐出十萬元作為獎助學金，以鼓勵學子更用功讀書。我想進一步請示發放獎學金的細節，大師用肯定的眼神對我說：「你決定就好！」這句話讓我萬分感動，內心湧起無限暖意「生我者父母，知我者星雲大師也」。

因為師父在講座圓滿時交代我要去考檀講師，沒多久我就在如來殿舉行的佛光會議上，面對一千人接受口試。

那天十幾個考生都是緊張萬分，原本我們接獲的考試通知是在考場看到考題——「十個演講題目」，給我們一個鐘頭準備，一個鐘頭過後抽取其中一個考題然後立刻上台演講。算是非常艱鉅，光是面對千人講話，就足以令人膽怯了。沒想到，大師更加嚴格，又臨時改變考試方法，指示說一個鐘頭太長了，因為檀講師必須具備即席演講的能力，所以考法改成「看到十個演講題目後五分鐘抽考題，接著立刻上台即席講說五分鐘」，這簡直是不可能的任務！輪到我時，我緊張到連麥克風都忘了拿就上台了。

一九九六年國際佛光會第五屆世界大會於法國巴黎舉行，小琉球分會也組團參加，大會中頒發檀講師證書給包括我在內的四位佛光人。

二〇〇一年大師在南非舉行的國際佛光會理事會議提倡「生活書香化」，我在小琉球率先號召會員成立讀書會，到了二〇〇二年，讀書會愈發完備，才正式取名為藝文讀書會。每週一次的共讀，佛典、重大時事、社會輿情都是讀書會探討的題材。多年來，藝文讀書會已營造出一個大家庭的氣氛，在海角一隅，陣陣浪濤與朗朗讀書聲交融，遠望海天一色，我們手持好書——星雲大師著作《人間佛教的藍圖》。

慈悲喜捨 翻轉人生

劉招明
立明公司董事長
國際佛光會檀講師

躺在工地寮房，很詫異聽到遠處陣陣豬叫聲，後來才意會、辨識出其實那是無尾熊的叫聲。澳洲中天寺坐落於國家森林公園與無尾熊保護區內，四周圍都是尤加利樹，尤加利葉是無尾熊最喜歡的食物。當初永全法師為了節省建寺經費，能做的就自己來，常帶著義工塗油漆、整理打掃工地。夜間的巡寮就交給金剛們了，大家在工地打地鋪守夜，事後戲稱，那段當「廟公」的日子，真是殊勝難得的因緣。

與佛光山結緣，得從三十幾年前說起。在台灣，我是獅子會會員，常有機會接觸國外姐妹會的獅友，因為我自小親近宮廟，所以很自然地就安排了參訪宮廟的行程。但早期宮廟附近的道路交通設施不像今天這麼完善，我一直留意南台灣還有哪些特色景點，有一天靈光一閃，「對了！佛光山。」孩子還小的時候，我們全家曾到那裡去旅遊，並且歡歡喜喜地在大雄寶殿前合影。「好的，此次日本獅子會訪台，我就帶大家去佛光山。」這真是個絕佳選擇，佛光山不但殿宇輝煌，而且有幾位日語非常流利的法師導覽服務。

我從小就常在廟裡拜拜，後來移民到澳洲布里斯本，心想不管到哪裡，都要找一個寺廟來拜拜。我們的好友阿甲菩薩帶我們去中天精舍，那時候的監寺永全法師請我同修秋琴去中文學校教書。剛開始七十幾個學生，分四個班，慢慢的增加到四百人。後來依來法師擔任中天寺住持，除了中天寺的校本部之外，又向布里斯本地區租用中小學的教室，設立四個分校，最高招收了一千個學生。中天學校最引以為榮的是全力栽培出「高中學程」的學生。

太太教書，孩子每週六、日在中天學校讀中文。中天學校的第一任校長是慈容法師，有一次慈容法師提到佛光山「四給」的精神，秋琴聽了很驚喜，回家跟我分享，原來佛法可以這麼生活化，我們都覺得很受用，秋琴也將「四給」運用在教學上。我們全家人都去拜佛，在中天精舍共修，法師唱誦悅耳，而且每個信徒手上也都有課誦本，可以知道法師誦念的內容，這是前所未有的經驗，記得小時候，在宮廟中聽唱念，聽不懂也不知道在念什麼。

一九九二年共修時聽到法師開示：「一個人可以什麼都沒有，但是不能沒有慈悲；一個人可以什麼都不信，但是不能不信因果。」這兩句話，像扣鐘一樣共鳴迴旋，直搗心源。加上有一年大師到中天精舍，書寫墨寶跟信眾結緣，我們夫妻獲得了一張「慈悲喜捨」。我心想以大師應機說法的大智慧，這四個字大有學問，於是開始認真參究「什麼是慈悲喜捨」，並將「慈悲喜捨」作為畢生修持的法門。

回憶當初創業維艱，一路辛苦經營，滿心企盼能招攬更多客戶，看待商場如同戰場。未學佛前，那真是一片競爭的紅海；學佛後，我的觀念改變了，念茲在茲的是實踐慈悲喜捨，漸漸萌生慈悲就是不只為自己打算，還要想到別人的正念。以前我得到訂單就滿心歡喜，失去市場就百般不甘願，遇到大師教我慈悲喜捨，我進一步聯想到「慈悲沒有敵人」，反求諸己在商場上有沒有樹敵結了惡緣，並且努力做到凡事先為別人設想，沒多久豁然間發現，原來「利他」才是真正的「利己」。

我調整心態，把同行當朋友看待，在市場上我可以讓利，經營上則朝著產品多元化的方向去發展，沒想到市場反而因此擴大了。競爭不再是我的主軸，我以退為進，離開台灣競爭激烈的紅海，轉往泰國、印尼等尚未開發的國家去開拓藍海市場。三十幾年前，那年代泰國、印尼、大陸地區，我經營的產業在當地還是相當新穎的。我印證了退步原來是向前、同體共生的觀念，才能創造善緣好運。

記得大師曾寫過〈人生二十最〉，其中一則是「人生最大的敵人是自己」。我想要創造藍海策略，必須心量大才能慈悲喜捨，心量大才能在捨的時候，還能有一份平衡安然，後來果真跟同行都非常友好。

我在救國團、逢甲大學校友會，都儘量創造因緣，讓大眾能跟佛法結緣，為大眾種下得度的因緣。我在校友會中，力行大師的「來時歡迎，去時相送」的理念，帶給大家歡喜融洽。無限感恩大師賜我法名「普願」，我發願多方面為大眾創造因緣，自我勉勵不但要「慈悲喜捨」還要做「不請之友」。

救國團成立六十週年慶時，我們廣邀全國各地一千多位幹部到佛光山，覺培法師為大家講演、柴松林教授主持論壇，大家都歡喜讚歎不已。逢甲大學創校至今，已有十八萬校友，有一年輪到高雄市主辦時，就辦在佛光山雲居樓二樓，大約有一千六百多位校友參加，記得安排第二天清晨三步一拜朝山，原本我們很擔心，隔天願意早起朝山的校友不踴躍，結果令人喜出望外，竟然高達八成的校友參加朝山。

大師的行儀及著作如春風化雨，從護持中天寺開始，朝著大師開示的「自心和悅」、「家庭和順」、「人我和敬」努力，我們全家從此過著幸福安樂的日子，秉持人間佛教「化世與益人」的精神，兩個兒子陸續接任佛光會幹部、泰國分公司的總經理，也發心承接了佛光協會長任務。

大師每年新春的墨寶，每一幅都是教我們要慈悲喜捨，要同體共生，創造善緣好運。這也就是為什麼大師在寫一筆字的時候說：「不要看我的字，請看我的心。」每一年我都策勵自己，要懂得同體才能共生，要做自己的貴人，奉行慈悲喜捨，在人生道路上才能遇到更多貴人。

佛光山四大宗旨

賴義明
個人理財師
國際佛光會中華總會理事

從小我的心思就沒有放在書本上面，上課不專心，念初中時，爸爸跟校長是好朋友，想督促我好好讀書，我都應付了事，直到高中畢業還是對讀書提不起興趣，倒是體育項目很在行，是校隊選手。說來真是因緣不可思議，生平第一次聽話聽到忘我，竟是在佛殿，三十幾年前依空法師到員林來講法，我不但聽得入神，而且充滿法喜，自此愛讀佛書。

依空法師所講的禪宗公案典故，常令人會心微笑，忍不住拍案叫絕，禪師們「百花叢裡過，片葉不沾身」瀟灑自在應機人間，意趣盎然引人入勝。有一次依空法師在台北連續講經三天，我帶著太太兒子每天開車去台北聽講，我對那則「騎牛找牛」的公案最有感、最喜歡趙州禪師「庭前柏子樹」妙意，深能體會古人所說：「人生最大幸福事，夜半挑燈讀《壇經》。」

記得有一年佛光會組團到美國參訪西來寺，行程首先安排大家到黃石公園去遊覽，車上播放星雲大師講《心經》的錄影帶，大概因為時差的緣故，同團的人太疲累大都睡著了，而全車只有三個人從頭到尾都保持清醒，那就是司機、我還有我太太。遊歷黃石公園後，法師問我們遊玩心得，我高聲快意回答：「隨他去！」

在接觸佛光山之前，曾有慈善團體積極邀我入會，我始終抱持謹慎的態度，沒有很積極。直到聽到依空法師說明人間佛教的願景，尤其介紹佛光山的四大宗旨「以文化弘揚佛法，以教育培養人才，以慈善福利社會，以共修淨化人心」，這四句話我一聽傾心，佩服不已，決定全力護持佛光山。一九八四年我在星雲大師座下皈依三寶，佛法幫助我看清生命的本質，引領我在每一個當下，去體認生命的無限生機、價值。

一九八七年為慶祝佛光山開山二十週年舉辦的全省行腳托鉢，我加入義工行列去推佛祖車，並率先回山參加短期出家，接著三個兒女陸續跟進。我們夫妻常帶孩子們聽經聞法，小兒子就讀台中商專時，每逢星雲大師在台北國父紀念館講經，我開車去學校接他北上聽經，結束後再送他回學校宿舍，小兒子後來發心依止星雲大師出家，法名慧寬，那時我告訴大兒子還有女兒：「如果你們也想出家，爸爸都同意。」

員林地區佛光人響應星雲大師「生活書香化」的理念，十五年前便發起成立讀書會，每一期的員林講堂「讀書會聯合開學典禮」，我都會請購大師的著作送給每一個會員，鼓勵大家深入佛光山宗風，了解人間佛教的淨化與善美。我觀察到，讀書會員書讀愈多，相貌愈來愈莊嚴，我想是因為內在充實，氣質顯於外的緣故。

有一回，員林信眾邀請依空法師回員林佛學講座，殿堂坐無虛席，沒想到講座剛開始，突然停電，在黑暗中，依空師父沒有麥克風、沒有看講稿，巧妙流暢宣講《般若心經》妙諦，全場鴉雀無聲，聽眾屏息聆聽，之後工作人員點了蠟燭，大家就在燭光當中，近一個小時靜心聽完一部

《心經》。

那天是最好的印證，你看心經經文「心無罣礙」，所以沒有冷氣、沒有音響、沒有燈光的情況下，大家都心無掛礙，講座結束，眾人都讚歎依空法師內學飽滿、智慧通達，法師們也讚歎信眾們聽經素養之高，共同成就了當日的殊勝法緣。

拜觀音 求觀音
自己更要做觀音

胡素華
景康管理顧問有限公司總經理
國際佛光會檀講師

爸爸往生一個月後，三度入我夢中，三次一模一樣的夢境，我想一定是爸爸要告訴我什麼，於是打電話問姊姊該怎麼做，姊姊是佛光山的信徒，電話中他沉吟了一下，說：「佛光山台北道場剛成立，離你家很近，你去問看看有沒有什麼功德可作。」

站在松隆路上仰望矗立松山火車站旁的現代化大樓，覺得很新奇！搭電梯到了十四樓，走進大殿，五方佛慈眉善目看著我，一股莫名的親切暖意油然而生，佛祖知我心啊！不禁流下眼淚，之後連續七次參加金剛經法會，將誦經功德回向給爸爸。

我喜歡法會的清淨、梵唄的莊嚴悠揚，生平第一次參加觀音菩薩聖誕法會，法師的開示令我茅塞頓開，法師說「拜觀音、求觀音，自己更要做個觀世音」，我聽了充滿驚喜和感動「凡人也可以當觀音！」當下對著佛菩薩默禱發願「觀音菩薩，未來我願意做您的千手千眼」。

不久，兒子的班導師打電話給我，邀我承擔佛光會秘書工作，原來是他獲選為信義一會會長。那時我剛加入分會不久，我回覆他：「等兩年後我兒子上了高中之後再說吧。」我因為忙於事業，早將這件事情忘了，可敬的會長，兩年後他「很準時」再度撥電話來邀我擔任委員，我想既然承諾了就一定要兌現，當下慨然應允。

會長很高興，立刻幫我報名參加佛光會菁英幹部的集訓。沒多久我就被推選為會長，直到那時候我才憶起，曾經在五方佛面前發的願。

誠心誠意接下信義一會會長任務，我的個性就是做什麼要像什麼，非常認真投入會務。佛光會真的很不一樣，跟我在公司發號施令的模式有著天壤之別。佛光會中人人平等，每個人的見解都很重要，尤其年長的老菩薩，更是有著豐富修持經驗。我很快認知到，即使我有才、有財、有專業，若是不得人心，會員不支持，會務就無法順利推動。

秉持著帶人帶心的領導藝術，我與會員打成一片，對老菩薩必定親切招呼噓寒問暖，了解他們的需求，本會更規劃了「千歲旅遊團」，行腳雲遊日本本栖寺、中國大陸四大名山的壯舉。老菩薩高興得眉開眼笑，因為兒女都忙，沒空帶他們出國，就算兒孫偶爾出國旅行，也常因擔心老人家不勝腳力，不敢帶他們同行。由佛光會組團出國，與熟識的好朋友同遊，更加安心自在，每回總能滿心歡喜滿載而歸。

信義一分會完美合作，致力為活動注入嶄新創意，例如曾連續七年舉辦全國性的「佛光盃象棋比賽」。分會的創會會長和象棋協會淵源很深，在他鼎力協助下，

第一年選在永吉國中大禮堂舉辦，分國小、國中、高中三個組別，報名非常踴躍，有近二千人參賽。第二年，適逢金光明寺落成，承蒙當時住持慈容法師慈悲，提供場地，所以後面的六屆就都在金光明寺舉辦。連續幾年辦下來，我們發現很多優秀的象棋選手，皆來自家境清寒的家

庭，礙於家庭經濟因素，他們沒辦法去學彈鋼琴、小提琴，所以專於練習、鑽研象棋。在賽程當中，值得稱道的是，不但優勝者可以獲得獎金，主辦單位特別安排小朋友們協助賽務，並酌情發給零用金，真是皆大歡喜。

這些獎項可以作為國中升高中的加分項目，有好幾所學校選在全校朝會的時間，頒發獎狀給這些優勝者，獲獎的中小學生皆引為無上榮耀。後來教育部行文各級學校，鼓勵校方在朝會時頒獎。記得那時候，馬英九先生擔任台北市長，也捎來賀詞祝賀。

分會上下一心，會務蒸蒸日上。每年至少增加五十個新入會員，到我四年屆滿卸任的時候，會員人數將近一千人，而且每一年都榮獲總會頒發的優秀分會表揚。

原本我只服務一個家庭、一家公司，當了佛光會長後，欣喜發現，可以跟好幾千個家庭廣結善緣，我的人生因此無限擴大了。大師開示說修行一定要在眾中，所以我堅守佛光會崗位，會長卸任後成為督導，再接任督導長，之後當了九年的區協會副會長，幾乎每週六、日都在佛光會的活動中。為了能投入更多時間服務人群，我毅然從企業退下來，自己成立顧問公司，感謝同修支持我的決定，他是老師，就將補習班設在公司樓下，平常白天幫我照顧公司業務，晚上在補習班教課。仰承佛菩薩加被成就，公司運作一直都很順利。

大師說「發心有多大，成就就有多大」，我這一生中發了兩個大願，都是跟佛教有關。第一個是要當觀音菩薩的千手千眼、第二次發願是在二〇一六年一月一日，我從區副會長職務上卸任下來擔任總會監事，行政事務就不像以前那麼多了，回顧我的人生，前二十年求學，二十到三十歲奠定事業基礎，三十到四十歲回饋社會，四十到六十歲在佛光會人間佛教這塊福田耕耘，現在六十歲了，我思忖著未來還可以往哪個方面繼續服務人群。

我從小念書都是前三名，小學、中學以全校第一名成績畢業，讀北一女是全校第二名畢業，大學也是全校第一名畢業。大學畢業後取得了美國研究所的全額獎學金，父母兄姊對我寄予厚望，願意全力栽培，但我顧及家境僅小康，急於分擔家中經濟重擔報答父母恩，決定放棄留學機會，努力去打拚事業。我喜歡文學，但因家庭生活不寬裕，擔心走文人的路會沒有出路，所以就選了台北醫學大學醫藥學系。

衷心感恩佛光會賜予平台，在佛光山這個菩薩道場我有幸能與聖賢同行，在立德、立功上面有了些許建樹。而史冊乘載經典傳承文化，證明了清新芬芳的文字可以造福萬代，我想如今另一則不朽「立言」，正巧可以成為我圓夢的新里程碑。去年我報考佛光大學中國文學研究所，順利錄取。對我來說這是一個全新的、陌生的學術領域，每週三天從台北搭公車到宜蘭，一路暈車，我告訴自己一定要完成學業，至少將蒙受佛法甘露滋養的點滴書寫成頌，作為傳家之寶，留給後代子孫。

好消息傳來，佛大中文系主任今年將首開「佛教與文學」的課程，我又再次聽到了善因緣開啟的那聲門響。

不忍聖教衰　不忍眾生苦

李品誼
佛光會樹林二會督導

一九九七年我先生看到報紙刊登佛光會樹林分會舉辦佛學講座的訊息，邀我一起去聽。在會場我看到許多穿佛光會旗袍的師姐，覺得他們好漂亮、好美麗，心裡滿羨慕。講座結束離場前佛光會員發給每個人一張問卷表，上面問到需要分會提供訊息給您嗎？我在上面打勾，之後滿麗督導打電話邀我參加每週二晚上的共修法會。

那時候板橋講堂的法師會來樹林布教所帶領共修，偶爾我們夫妻也會到板橋講堂去共修，不久我就加入佛光會了，一九九八年到台北道場求受三皈五戒。感謝滿麗督導，在我母親罹患肝硬化，需要洗腎時，將他已找到的外籍看護讓給我們家，不然我要工作又要照顧小孩、母親，實在是分身乏術。

加入佛光會我覺得我的人生是從黑白翻轉到彩色，因為我非常內向，從小到大，老師給我的評語都是「文靜，沉默寡言」。我以前很少出門，也沒有朋友，來到佛光會從事公益慈善活動，就像到了一個溫馨大家庭，生活愈來愈充實。學佛後，我整個審美觀都改變了，以前我都是燙波浪法拉頭配上大耳環，身上配戴首飾，學佛後，我這些穿戴都捨掉了，覺得很累贅。

從前我先生喜歡研究佛學，總是跟我耳提面命說他已經快到山上了，我還在山下沒有起步，叫我多多少少也要修一點福德因緣。加入佛光會後，我似乎衝刺的比他還快，因為可以多方面服務奉獻社會。何錦綢與林美惠兩位督導擔任樹林分會會長的時候，陸續邀我擔任分會財務、祕書職務。白天在公司工作，下班後趕緊抓時間煮飯帶小孩，已經很累了，但我還是竭盡所能達成義工。

有一次回佛光山參加佛光會幹部會議，大師開示說到「不忍聖教衰，不忍眾生苦」，我一聽眼淚掉下來，當下發願要盡力度眾生離苦。回想起發生「九二一大地震」那天，我看著電視新聞畫面，現場斷垣殘壁，慘不忍睹，多少災民無家可歸與親人天人永隔。我哭著自問為什麼沒有能力幫助災民，後來轉念一想，力量雖然微薄，但總要盡力而為，趕緊跑出家門相約左鄰右舍募集物資，社區許多民眾得知消息踴躍捐出棉被、尿布、二手衣物。一共募到十五噸物資。我跟對面鄰居借貨車，隔天一早蘇文雄督導和我同修兩人開車運送物資到埔里救災。

當分會祕書那兩年，跟著美惠會長在外面舉辦活動，慢慢地心胸視野打開了，敢主動開口跟人講話了，也學會了很多做事的方法。先生是我的善知識，總是默默支持我，他看我這麼認真當義工，又多請了一位會計小姐，分擔了我的工作。很欣慰我全家人都認同佛光會的理念，四個兒女也都發心到夏令營擔任小隊輔、照顧小朋友。

二〇〇五年分會共推我當會長，心裡忐忑不安，深怕自己能力不足，沒有辦法提供具體的貢獻。我一直跟老人家很有緣，喜歡去社區關懷獨居老人，在會長任內，每逢九九重陽節，與會員送米、送油給獨居老人。

看到老人們沒有子孫奉養，孤苦無依、有的只剩兩老相依為命、有些靠政府補助的幾千元過日子，又要付房租，生活貧困。我總想為他們做些什麼，特地去參加台北縣政府獨居老人照顧關懷據點服務會議。得知可行的有「到府服務」、「健康講座」、「電話關懷」三種服務項目。

我們分會主要從事的是第二、三項的服務。常打電話關懷這些老人家，每年在區公所舉辦十場健康講座，邀請獨居老人來聽，向區公所取得名單寄發通知函給他們，在會場贈送五台斤白米給他們；每年歲末冬令救濟，發送米、油，再致贈每戶六百元的紅包，祝福他們可以過一個好年。

我在金光明寺大寮行堂，常服務幾千信眾用餐，長時間站立走動，常累到全身沒有力氣，回到家下車是兩腳拖著地走，家人問我為什麼這麼累還做得這麼歡喜呢？我回答：「希望為生命寫下歷史。」在佛光大家庭中每個人都盡心盡力，肯定自己積極創造因緣，你看許多老菩薩在大寮、齋堂端碗盤、洗碗、掃地，都做得好歡喜，總是說在道場為大眾服務可以廣結萬人緣，廣修福德因緣。我們一直在創造無限可能，例如以前我們絕對沒想到可以做出一千五百個便當，但後來我們做到了，那種成就感無法言喻。所以我不掛礙身體，只想著還可以為大家添什麼油香。

拜讀《星雲模式的人間佛教》這本書，當中有一段「難行能行，難忍能忍」，給我很大啟發，在團體中，難免會有被誤解受委屈的時候，先生看我在嘆氣，會問說：「好好的老闆娘不做，偏要出去被人家磨。」我之所以能夠一次次鼓起信心勇往直前，是因為星雲大師偉大慈心悲願的攝受，跟大師所經歷過的種種艱難困苦比起來，自己這點委屈算得了什麼。如今愈來愈進步了，以前要難過一星期的事，現在一、二個小時就能轉念了。

我同修謝景丞今年成為樹林二會會長，當初我們夫妻是因為參加樹林分會的佛學講座才入門的，加上聽到很多會員對講座的熱烈回響，所以恢復舉辦，幾個月來每場都有一百五十人以上聽講。衷心祝福大眾，聽聞一句一偈佛法義理，受用智慧法語，現世幸福安樂，並能種下未來得度的因緣。

行佛

巫啟謀
彰化縣清潔職業工會理事長
大彰化衛生企業負責人

我常常在想，如果世界少了我從事的這個行業，會變成怎樣？

我是二十四小時待命的「服務業」，抽水肥化糞池、清汙水下水道，還有各種排水管路、包括通馬桶、水管、糞管修理。半夜或凌晨接到客人電話，我都馬上出動，尤其下大雨淹水的時候，緊急電話特別多。當水管修理好，恢復暢通時，客戶鬆了口氣露出笑容，我也充滿了成就感。學佛後，我認知到，抱著歡喜心為人服務，急於為人解決困難的心意，也是一種結緣的方式。

母親在我三十幾歲時往生，「子欲養而親不待」，心中充滿悲傷、遺憾。長輩有請誦經團來誦念佛經，我淚眼看著佛經，為母親感到不捨，心想母親如果能在生前就接觸佛經，不是更有福報嗎？

沒多久機緣成熟，一天我到福山寺修理水管，受到法師親切招呼，告辭時，師父跟我說「要常回來」。記得第一次參加法會，莊嚴祥和的氣氛攝受人心，聽法師開示提到「道場是我們的法身慧命之家」，我才恍然大悟，第一次遇到師父，他所說的「要常常回來」的真正含意。之後我就常帶太太、女兒一起來參加道場活動。

我加入佛光會的第二年就擔任幹部，曾擔任彰化北方分會會長五年，當初擔任副會長之職，一年後會長搬離彰化，於是由我接任會長。十幾年來我從會長、督導、督導長到區委、中區佛光啦啦隊長等幹部職責，都是全心投入。即使我的清潔工程很忙，但我一定將佛光會的任務排在第一順位。太太說實在太巧合，十幾年來，每當我在外面忙佛光會活動時，公司電話也跟著安靜下來，很奇怪，等到我做完義工回到家，接案電話才會一通一通不斷響起來。整體而言，營業收入也沒有減少。

以前曾有人來約我們夫妻去兼做電動玩具店，我們毫不考慮馬上婉拒，聽說很多青少年因為沉迷於電玩而荒廢了學業，所以就算是一門賺錢的生意，我們也不願意做。教育是何等大事，不能有一點偏差，真的是「差之毫釐，失之千里」，一定要非常謹慎。

聽到星雲大師開示的「行佛」，感到非常相應，一直將這句話作為我的座右銘。我每天深入到社區、家庭服務，多少次我以慈悲心面對襲來的逆境、一有機緣就跟里民鄉親介紹「三好運動」、最常提起的就是「有佛法就有辦法」；我接受培訓成為佛光會的監獄布教師，將佛法帶進監所、更發願生生世世做佛光人。堅信每一世精進不懈一點一滴學習行佛所行，實踐佛陀的教法，終有成佛的一天。

我常常跟人分享說，我們何其有幸，可以成為佛光山星雲大師的七眾弟子之一。每每恭聆大師開示，深怕自己遺忘金玉良言，常將大師的話寫在便利貼上，貼在車上，當作溫馨的叮嚀。

在佛光山 光掃地 就是大修行

陳嘉隆
合順氣體有限公司經理
國際佛光會檀講師

我二十七歲創業，正值台灣經濟起飛，由農業社會轉工業社會的年代。當時蔣經國先生擔任行政院長，處處生機蓬勃，認真做事，就能掌握機遇；而且很多老闆願意提拔年輕人，只要年輕人經得起磨練，老闆就會將一身絕學毫無保留傳授。

我家住在基隆三沙灣中船路，基隆沙灣很漂亮，父親是漁船船長，全家看天吃飯，只要天氣一變就打不到魚，尤其冬天常常出海後無所獲，家境一直不好。我印象最深刻的是，每當年關要近了，就會有很多人來我家要債，這些大多是我們平常賒帳的商家。有一次我媽媽實在沒辦法了，就去一個遠房親戚的阿姨那裡借錢，那個阿姨是開公司的，他看到我媽媽走進辦公室，竟然以嫌惡的口吻說：「到這裡來你也要穿得體面一點，穿這樣像乞丐一樣。」我聽了非常難過，因為貧窮，受親友如此奚落輕視，於是堅決立下志願：「媽媽！總有一天，我要賺錢讓你在鄉里間揚眉吐氣。」

民國六十六年（一九七七）我從軍中退役之後，就到台中港找工作，那時候正要發展十大建設。我常騎著腳踏車，在公司與碼頭兩邊跑。記得那時一個月薪水三千元，六十七年（一九七八）第一個孩子誕生，薪水才升到四千元。有一天，老闆告訴我們員工，因為經營遇到瓶頸，所以公司即將關閉，正要說明資遣辦法，竟然來了一個大客戶敲門，那是通宵火力發電廠，由日本三井公司承辦，三井社的人找我們說要讓我們代理，老闆跟員工說明，想留下來的就繼續做，未來就不發薪水了，我們賺多少發多少，因為我孰悉對外的業務，人脈方面也通達，老闆就跟我說，外面業務讓你負責，每月所得給你一成半好不好，我隨口說好。沒想到第一個月我就分到了十倍以上的薪水。兩三年後，我出來創業。

在台中港開了一家工業氣體公司，剛創業，想好好奉養父母，沒想到爸爸出遠洋貨輪，在日本大阪附近遭遇船難，船沉了罹難了，在我可以盡一份孝心的時候，爸爸卻離開人世，我心痛萬分引為終身之憾。

雖然公司經營得很好，但因交遊廣闊，漸漸地我也在物質享受中迷失了，幾年過去，心靈愈覺空虛。回想以前依靠微薄的薪水，跟太太手牽手出去吃碗五十塊一頓簡餐，就覺得是莫大的幸福。奇怪怎麼有錢了，物質日漸豐盛的時候，卻愈來愈不快樂。

站在人生最迷茫的十字路口，我想起了佛光山的三寶佛，記得讀高中時，跟媽媽隨宮廟神明到佛光山去進香，曾對大殿佛祖訴說心事。但佛光山遠在高雄，於是我就近到妙法寺禮佛，皈依之後，心終於安定下來，就將公司交給同修跟弟弟去經營。我每星期有五天到妙法寺聽經聞法、學靜坐，懂得了「不要讓假相拖著走」的道理。三年後，有一天永隆老師父說：「佛光山星雲大師發起一個佛光會，您要帶人一起去護持。」並且叮嚀鼓勵我：「在佛光山，光是掃地，就具有大修行。」

從此我常在佛光山東海道場參加佛光會會議，早期曾有幫派分子來東海道場要收保護費，我跟法師建議，明天開始我們來組織金剛護法會，從此樓下到樓上，都有金剛站崗，不但服裝整齊，而且態度威嚴端肅，幫派就沒有再來了。

金剛系統是從東海道場先建立起來，十三年前我擔任中區協會長時，成立金剛大隊，培訓組織金剛，訓練威儀，指揮系統也很明確。後來因應佛光山總本山需要，曾派遣中部五百個金剛前去支援，包括世界佛教論壇等大型活動。我們不但維持秩序，包括交通指揮，布置、撤場地，都能迅速確實。可以說整體效應貫徹得極有效率，後來擴及到全台灣。安國寺道祥法師訓練金剛也很有方法，我們向道祥法師建議，要整合起來。

二〇一三年一場佛教史上首次金剛、知賓檢閱，三千位佛光人以國慶閱兵展演方式，宣示護教衛法的決心，隊伍踩著整齊劃一的步伐，呈現榮譽、團結、紀律與威儀，許多媒體都有大篇幅報導。星雲大師給予高度的肯定，他說「踢正步，也是一種修行」，是收攝眼、耳、鼻、舌、身、意的訓練。

在家的優婆塞、優婆夷，將平日訓練有素的威儀，展現在世人面前。這佛教歷史的新頁，只有在佛光山才能成就，檢閱大典完畢後，我走進了佛殿，合十頂禮感恩佛陀加被、龍天護持，讓眾緣成就，寫下歷史。

你來當壽山念佛會會長

曾進朏
裕隆印刷廠創辦人

一九六四年高雄壽山寺落成啟建藥師法會，我參與其中，坐在第一排，星雲大師開示時講到成立念佛會的計畫，指著我說：「請你當壽山念佛會會長好不好？」在場信眾立即大力鼓掌，我恭敬地站起來，合掌表示感謝，承蒙大師看重，我深感榮耀，同時認知到執行這份職責，任重道遠。

我以前在軍中做過行政，懂得組織編制，積極著手將高雄劃分為鹽埕、三民、苓雅、旗津等九個區，加上台南與其他縣市的會員，製作區域會員名冊、會員證，並印製傳單廣邀新會員加入。最令人讚歎的是旗津區的會員，他們每週發心搭船過來參加法會，精神可嘉。大家尊稱的「六姊」蘇陳秀琴也是念佛會委員，六姊的先生開輪船公司，念佛會舉辦「三步一拜」朝山，我常請他先生捧爐走在隊伍前方，從此結下好緣。

信眾們都感佩大師身教言教，如同四大菩薩「悲智願行」現身說法，對於大師所開示的淨土法門都深信不疑。壽山念佛會常打精進佛七，由大師或心定法師主持，許多蓮友勇猛發心，晝夜念佛不輟，感應事蹟很多，在此分享兩則瑞相。

民國五十九年（一九七〇）間壽山寺有一位老菩薩湯黃瀧，是廣東汕頭人，住在高雄鹽埕區建國四路，大家都稱呼他「汕頭阿婆」。有一天早上不知怎麼一下就昏厥過去，像死了一樣沒有呼吸，家屬緊急請醫師診斷，醫生說心臟尚有暖氣沒有斷氣，家人非常緊張；到了下午他清醒過來，神色平靜緩緩地說：「剛才一個菩薩來到我面前，說道『我是阿逝孕，要帶你去西方極樂世界』，讓我一起坐在麒麟上，飛上天空，很快地到了一個黃金鋪地，還有黃金寶橋的所在，我充滿法喜。菩薩說還有第二景，就又飛馳到了七寶池那邊，池中蓮花好美好美，都是彩色的，有大朵也有小朵的。我看的第三景是蓮池海會聖眾，前方好多菩薩身披袈裟，幢幡迎風飄動，微風徐徐，我整個人感到身心舒暢。後來就回來了。」

汕頭阿婆本來不識字，也不會念經，平時一心稱念阿彌陀佛聖號，從極樂世界回來後竟能背誦《阿彌陀經》，不過一星期後，又回復了原狀。

另一個感應事例是陳棟老菩薩，住在鹽埕區七賢三路，參加念佛共修時，我常邀請他坐在我旁邊。他身體很好，丹田有力，念佛聲很大，尤其念到「東南西北下上方諸佛護念」時，聲音特別宏亮，令人印象深刻。民國六十三年（一九七四）他八十歲，農曆十月有一天，他告訴大兒子說要回去西方淨土，大兒子沒有信仰完全不當一回事，還跟朋友說，我老爸拜佛拜昏了頭。老人家往生前一晚，花很長時間洗澡，洗完鄭重跟家人說：「我要回西方世界去了，所以要洗乾淨一點。」隔天上午約九點，他吩咐家人打電話叫小兒子回來，小兒子回到家問有什麼事？老菩薩說：「你坐在我背後，雙手抱住我。」小兒子聽從照做，才一會兒，兒子喊他「爸爸！爸爸！」沒有回聲，兒子才意識到他已經安詳往生了。後來大兒子說很懺悔之前不信還亂講話，不知他爸爸真有修行功夫，能預知時至，自在往生。

人間佛教翻轉生命的故事

採訪撰文　滿穆
內頁照片提供　國際佛光會中華總會
封底照片提供　蘇清文

出版・發行　香海文化事業有限公司
發行人　慈容法師
執行長　妙蘊法師
編製　香海文化編輯部

地址　241新北市三重區三和路三段117號6樓
　　　110臺北市信義區松隆路327號9樓
電話　(02)2971-6868
傳真　(02)2971-6577
香海悅讀網　www.gandha.com.tw
電子信箱　gandha@gandha.com.tw
劃撥帳號　19110467
戶名　香海文化事業有限公司

總經銷　時報文化出版企業股份有限公司
地址　333桃園縣龜山鄉萬壽路二段351號
電話　(02)2306-6842

法律顧問　舒建中、毛英富
登記證　局版北市業字第1107號

定價　新臺幣 420 元
出版　2017年7月初版一刷
ISBN　978-986-93112-9-8
建議分類　生命教育

國家圖書館出版品預行編目（CIP）資料
人間佛教翻轉生命的故事 / 滿穆 採訪撰文；--初版.--臺北市：
香海文化,2017.07　ISBN 978-986-93112-9-8(平裝). --
224.517　106010618